# सम्राट् चंद्रगुप्त

# सम्राट् चंद्रगुप्त

दीनदयाल उपाध्याय

प्रभात प्रकाशन
ISO 9001:2008 प्रकाशक
www.prabhatbooks.com

एकात्म मानवदर्शन
अनुसंधान एवं विकास प्रतिष्ठान
ekatmrdvf@yahoo.co.in

प्रकाशक • **प्रभात प्रकाशन**
4/19 आसफ अली रोड,
नई दिल्ली–110002

संस्करण • 2017

---

**SAMRAT CHANDRAGUPT**
*by* Deendayal Upadhyaya
Published by Prabhat Prakashan, 4/19 Asaf Ali Road, New Delhi-2
e-mail: prabhatbooks@gmail.com ISBN 978-93-5186-790-6

# भूमिका

श्रद्धेय पं. दीनदयाल उपाध्याय का प्रारंभिक साहित्य निबंधात्मक है। इन निबंधों में हमें वैचारिक परिपुष्टता एवं विश्लेषकीय क्षमता के दर्शन होते हैं। दीनदयालजी संघ के प्रचारक थे, राष्ट्रीय स्वयंसेवक संघ के कार्य में शाखा की केंद्रीय भूमिका होती है, जिसमें सामान्यत: बाल, किशोर व तरुण स्वयंसेवक आते हैं। शाखा संस्कार केंद्र होती है। प्राचीन गुरुकुलों का वह नवीन संस्करण है, जहाँ गुरु परम पवित्र भगवा ध्वज एवं स्वयंसेवक शिष्यवत् हैं। एक घंटे का यह आजन्म गुरुकुल मनुष्य निर्माण का अद्‌भुत अभियंत्र है।

दीनदयालजी ने अपने निबंधों में देश की प्रज्ञा का आह्वान किया, उनकी वैचारिकी को झकझोरा है, लेकिन शाखाओं को तो ललित साहित्य की आवश्यकता थी। एक बार उत्तर प्रदेश संघ के तत्कालीन प्रांत प्रचारक श्री भाऊराव देवरस ने एक बैठक में कहा कि शाखाओं पर बाल स्वयंसेवक बहुत आ रहे हैं, लेकिन अपने विचार को पुष्ट करने वाला कोई बाल-साहित्य उपलब्ध नहीं है, इसकी आवश्यकता है। दीनदयालजी बैठक में थे, उन्होंने सुना। रात भर उन्होंने लिखा, प्रात:काल मा. भाऊराव को एक पांडुलिपि सौंपी, देखिए, यह बाल स्वयंसेवकों के लिए कैसी रहेगी। वह 'सम्राट् चंद्रगुप्त' शीर्षकांकित एक बाल उपन्यास था। वह बहुत लोकप्रिय हुआ तो फिर माँग हुई कि तरुणों के लिए भी एक ऐसी ही साहित्यिक कृति चाहिए, तब दीनदयालजी ने 'जगद्‌गुरु शंकराचार्य' शीर्षक से दूसरा उपन्यास लिखा। वह भी बहुत लोकप्रिय हुआ। स्वयंसेवक के नाते जिस निष्ठापूर्ण व्यक्तित्व का निर्माण करना था, इसके लिए 'सम्राट् चंद्रगुप्त' तथा प्रचारक के नाते जीवन-

व्रती तैयार करने के लिए 'जगद्‌गुरु शंकराचार्य' औपन्यासिक कृतियों का दीनदयालजी ने सृजन किया। उनके भीतर का साहित्यकार इन दोनों कृतियों में परिलक्षित है।

यह एक संयोग है कि ये कृतियाँ उनके ललित साहित्य की प्रथम एवं अंतिम देन भी हैं। लेकिन जिस वैचारिक पृष्ठभूमि को ये कृतियाँ व्यक्त करती हैं, जो 1946 व 1947 में व्यक्त हुई थी, उसी का पुन: स्मरण उन्होंने 1964-65 में किया, जब उन्होंने 'एकात्म मानववाद' के सिद्धांत का प्रणयन किया। इस संदर्भ में प्रकाशित 'सिद्धांत व नीति' प्रारूप की प्रस्तावना में वे लिखते हैं—

"आज भारत के इतिहास में क्रांति लानेवाले दो पुरुषों की याद आती है। एक वह कि जब जगद्‌गुरु शंकराचार्य सनातन बौद्धिक धर्म का संदेश लेकर देश में व्याप्त अनाचार को समाप्त करने चले थे और दूसरा वह कि जब 'अर्थशास्त्र' की धारणा का उज़रदायित्व लेकर संघ राज्यों (Republics) में बिखरी राष्ट्रीय शक्ति को संगठित कर साम्राज्य की स्थापना करने चाणक्य चले थे। आज इस प्रारूप को प्रस्तुत करते समय वैसा ही तीसरा महज़्वपूर्ण प्रसंग आया है, जब कि विदेशी अवधारणाओं के प्रतिबिंब पर आधारित मानव संबंधी अधूरे व अपुष्ट विचारों के मुकाबले विशुद्ध भारतीय विचारों पर आधारित मानव कल्याण का संपूर्ण विचार 'एकात्म मानववाद' के रूप में उसी सुपुष्ट भारतीय दृष्टिकोण को नए सिरे से सूत्रबद्ध करने का काम हम प्रारंभ कर रहे हैं।"

ये दोनों कृतियाँ सात दशक पुरानी हैं तथा 'सिद्धांत और नीति' पाँच दशक पुरानी है। आज इनकी प्रासंगिकता और बढ़ गई है, क्योंकि राष्ट्र-जीवन में वैसे ही अनाचार व विखंडन पुन: अपना सर उठा रहे हैं।

**—डॉ. महेश चंद्र शर्मा**
अध्यक्ष
एकात्म मानवदर्शन अनुसंधान एवं विकास प्रतिष्ठान
एकात्म भवन, 37, दीनदयाल उपाध्याय मार्ग,
नई दिल्ली-110002
दूरभाष : 011-23210074

# मनोगत

प्रस्तुत पुस्तक में ऐतिहासिक तथ्यों के ढाँचे पर अपनी भाषा का रंग चढ़ाकर चंद्रगुप्त का चरित्र लिखा गया है। नायक की एक ध्येय निष्ठा ने स्वयं ही उसमें प्राण-प्रतिष्ठा की है। कुछ घटनाओं का वर्णन पाश्चात्य विद्वानों द्वारा लिखे हुए इतिहास से मेल नहीं खाता है। प्रस्तुत यह वर्णन कल्पना के आधार पर न होते हुए अपने प्राचीन तथ्यों तथा भारतीय विद्वानों द्वारा दी हुई आधुनिक खोजों के आधार पर है। जिनके लिए यह पुस्तक लिखी गई है, उन्हें सब प्रकार के ऐतिहासिक तथ्यों के वन में भ्रमण कराने की आवश्यकता नहीं है। इतना जानना पर्याप्त है कि यूरोपियन विद्वानों द्वारा प्रयत्नपूर्वक एवं उनका अंधानुकरण करने वाले भारतीय विद्वानों द्वारा अनजाने में फैलाए हुए अंधकार को नष्ट करने वाले ऐतिहासिक शोध के सूर्यप्रकाश में देखी हुई ये सत्य घटनाएँ हैं।

वर्ष प्रतिपदा, 2003 (1946)

**—दीनदयाल उपाध्याय**

# उपोद्घात

पुण्यमयी भारतभूमि की विशाल ऐतिहासिक परंपरा में वैभव और पराभव, उत्कर्ष और अपकर्ष के अनेक कालखंड मिलते हैं। उन्नति और अवनति दोनों ही में उसने अपनी राष्ट्रीय चेतना को जाग्रत् रखा है, दोनों ही स्थितियों में अपनी आत्मा को बलवती बनाया है। पराभव प्राप्त होने पर उसने काल-चक्र की गति को भी बदलने वाले उन कर्मठ वीरों को जन्म दिया, जिन्होंने अपनी मनस्विता, स्वाभिमान एवं नीति-निपुणता के द्वारा राष्ट्रीय आत्मा की सुप्त शक्ति को जगाया। यह शक्ति अन्याय और अत्याचार की भीषण आँधी में भी अपने स्थान पर शांत मुद्रा से डटी रही और अगस्त्य के समान कठिनाइयों के अलंघ्य विंध्याचल का अतिक्रमण करके समुद्र जैसी उद्दंड एवं विशाल शक्ति को भी तीन ही चुल्लू में पान करने में समर्थ हुई। इसी प्रकार इसके वैभव और शांति के काल में वे तत्त्वज्ञ हुए, जिन्होंने आत्मा की ईश्वरीय शक्ति का साक्षात्कार करके मानव के कल्याण के लिए सत्य सिद्धांतों का प्रतिपादन किया, ऐसा ही एक कालखंड आज से 2400 वर्ष पूर्व हमको मिलता है। इसमें चंद्रगुप्त और चाणक्य के सज़्मिलित प्रयत्नों ने समाज की उस रचनात्मक शक्ति का सृजन किया, जिसने न केवल अलिक्सुंदर को ही भारत से निकाल बाहर किया, अपितु एक विशाल साम्राज्य का भी निर्माण किया।

चंद्रगुप्त और चाणक्य ने कल्पना के मनोराज्य में जिस विशाल साम्राज्य का मानचित्र खींचा था, उसे एक ने अपनी अजेय शक्ति तथा दूसरे ने अपनी असाधारण प्रतिभा के बल पर प्रत्यक्ष जगत् में प्रकट कर दिखाया। अलिक्सुंदर

के आक्रमण का भारत में प्रत्येक स्थान पर विरोध हुआ और देश में इतनी शक्ति थी कि वह पश्चिम के महान् विजेता ( ?) को पराभूत कर सकी; परंतु फिर भी भारत पूर्णत: शक्तिशाली नहीं था। समाज असंगठित, विशृंखल तथा व्यक्तिनिष्ठ था। इन अवगुणों के कारण देश की बढ़ती हुई दुर्बलता चंद्रगुप्त और चाणक्य से न छिप सकी, क्योंकि वे थे देश की नाड़ी पहचानने वाले चतुर वैद्य। देश की आत्मा के साथ अपनी आत्मा को समरस करने के कारण दुर्बलता की वेदना को उन्होंने अनुभव किया। पर्वतक की विशाल शक्ति, जिसने अलिक्सुंदर के छक्के छुड़ा दिए और उसे मैत्री का हाथ बढ़ाने को विवश किया तथा मगध का अजेय सैन्यबल, जिसकी वीरता और शूरता की कहानियाँ सुनकर ही अलिक्सुंदर की सेना हिज़्मत हार बैठी, ये दोनों ही वास्तव में राष्ट्रीय दृष्टि से कितनी खोखली थीं, यह चंद्रगुप्त और चाणक्य जानते थे। इसीलिए उन्होंने भारत के दौर्बल्य को दूर करके इसे शक्तिशाली बनाने का बीड़ा उठाया। भारत के संपूर्ण छोटे-बड़े राज्यों की विजय तथा भारत की सीमा से उसके शत्रुओं को पर्याप्त दूर रखने के लिए गांधार (अफगानिस्तान), पारस (ईरान), चीनी तुर्किस्तान (पूर्वी तुर्किस्तान), कुस्तान (खोतान) आदि की विजय भारत को वैभव के शिखर पर पहुँचाने वाले शक्ति-सोपान की पहली सीढ़ी थी। विजय के पश्चात् साम्राज्य में शांति एवं सुव्यवस्था निर्माण करना इस मार्ग की दूसरी सीढ़ी थी।

चंद्रगुप्त मौर्य का साम्राज्य इतना सुसंगठित तथा शासन इतना सुदृढ था कि विदेशी यवनों को भी उसकी प्रशंसा करनी पड़ी। उसके शासन-काल की शांति, व्यवस्था और संपन्नता का चित्र सेलेउक् के दूत मेगस्थने के वर्णन के जो अंश उपलज़्ध हैं, उन्हीं के आधार पर खींचा जा सकता है। यथार्थ स्वरूप कितना भव्य होगा, इसकी तो केवल कल्पना कर सकते हैं। चंद्रगुप्त की राजधानी पाटलिपुत्र थी। इसका विस्तार गंगा के किनारे व पाँच मील था। राजधानी की विशालता, स्वच्छता एवं वैभव को देखकर ही साम्राज्य के वैभव का अनुमान लगाया जा सकता था। नगर में 450 तो रत्नखचित अट्टालिकाएँ ही थीं। फिर राज प्रासाद की शोभा और रत्नभंडार का तो कहना ही क्या!

पण्यवीथिकाओं की स्वच्छता और सजावट अत्यंत ही चित्ताकर्षक थी। छोटी-छोटी गलियों में भी स्वच्छता का समुचित प्रबंध था। पाटलिपुत्र उस समय के संसार का प्रमुख नगर था। वहाँ न केवल दूर के व्यापारी ही वाणिज्य व्यवसाय के लिए आते थे, परंतु संसार के सभी राज्यों के राजदूत भी चंद्रगुप्त मौर्य के दरबार में उपस्थित रहते थे।

अपने विशाल साम्राज्य का शासन करने के निमित्त चंद्रगुप्त मौर्य ने उसे पाँच भागों में विभक्त कर रखा था। पूर्वीय भाग का शासन तो राजधानी पाटलिपुत्र से ही होता था, परंतु उत्तर में तक्षशिला और कौशांबी, मध्य भारत में उज्जयिनी (उज्जैन) तथा दक्षिण में महिशर (मैसूर) प्रतिनिधि-शासन के केंद्र थे। प्रत्येक प्रांत तथा केंद्र में शासन मंत्रियों की एक परिषद् के द्वारा होता था। सम्राट् स्वयं समय-समय पर साम्राज्य भर में दौरा करते थे। देश भर में स्थानीय शासन का भार ग्राम पंचायतों के ऊपर था। नगर में आज की भाँति ही स्थानीय शासन-संस्थाएँ (म्युनिसपैलिटियाँ) कार्य करती थीं। स्वच्छता पर इतना अधिक ध्यान दिया जाता था कि सड़कों पर गंदा पानी फेंकने वालों के लिए बड़े कठिन दंड देने की व्यवस्था थी। नगर के समस्त गृह योजनानुसार बनवाए जाते थे तथा घर बनवाने के पहले स्वास्थ्य-अधिकारी की अनुमति प्राप्त कर लेना आवश्यक था। आज के बड़े-बड़े नगरों की भाँति पाटलिपुत्र घिचपिच नहीं बसा हुआ था।

भारत में कई बड़ी-बड़ी सड़कें मौर्य शासन में बनीं। उनके दोनों ओर छायादार वृक्ष लगवाए गए थे तथा थोड़ी-थोड़ी दूर पर यात्रियों के ठहरने के लिए धर्मशालाएँ और कुएँ बने थे। भारत के एक कोने से दूसरे कोने तक वणिकगण निर्भय होकर अपना सामान ले जाते थे। चोरी और डाके का भय पूर्णत: जाता रहा था। नगर में लोग घरों में ताले नहीं लगाते थे। इतना ही नहीं, किसी की चोरी होने पर राजकर्मचारी उसका पता न लगा सकें तो राज्य-कोष से उसकी क्षति पूरी कर दी जाती थी। सत्य तो यह है कि जब सब प्रकार की सुव्यवस्था और संपन्नता थी, तब कोई चोरी जैसे गर्हित, शास्त्रनिषिद्ध, लोकविघातक एवं लोकनिंद्य कर्म की ओर प्रवृत्त ही क्यों होता? राज्य में न्याय

का समुचित प्रबंध था। न्याय और शासन-विभाग का कार्य अलग-अलग अधिकारी देखते थे। न्याय के सामने सब समान थे। यहाँ तक कि राजपुत्र को भी, यदि वह दोषी हो तो दंड दिया जाता था। समाज-विघातक कार्यों के लिए तो बहुत ही कठिन दंड दिया जाता था। सम्राट् चंद्रगुप्त मौर्य स्वयं न्याय करता था। इसके लिए प्रजा का प्रत्येक व्यक्ति सम्राट् तक पहुँच सकता था।

ज्ञान और विद्या के प्रसार की ओर भी सम्राट् चंद्रगुप्त मौर्य ने विशेष ध्यान दिया था। तक्षशिला और नालंदा के विश्वविद्यालय तो चलते ही थे, परंतु समाज और राष्ट्र के हित के प्रश्नों का निर्णय करने के लिए स्थान-स्थान पर परिषदें होती थीं, उनमें विद्वानों को यथेष्ट रूप से पुरस्कृत किया जाता था। समाज में समष्टि जीवन की भावना राष्ट्र के जीवन का मूल है, यह सम्राट् चंद्रगुप्त को विदित था। इसके लिए भिन्न-भिन्न प्रचार-साधनों का उपयोग तो होता ही था, परंतु कई बातों के लिए तो राज्य की ओर से विशेष नियम बने हुए थे। पड़ोस में आग लगने पर यह समष्टिगत कर्तव्य है कि उसको बुझाने में सहायता दी जाए। इस कर्तव्य की अवहेलना करने वाले को राज्य की ओर से कठिन दंड दिया जाता था। नहर, तालाब आदि के सार्वजनिक उपयोग के कार्यों में भी सबको सहायता करनी ही होती थी। देश में इस प्रकार की शिक्षा-दीक्षा का प्रबंध था कि लोग व्यक्तिगत हितों के स्थान पर समाज के हितों को ही महत्त्व देते थे।

सम्राट् चंद्रगुप्त की शासन-व्यवस्था इतनी निर्दोष एवं पूर्ण थी कि पश्चिमी विद्वानों को भी उसकी मुक्तकंठ से प्रशंसा करनी पड़ी है। प्रत्येक अच्छी बात का उद्गम यूरोप से मानने वालों को आश्चर्य होता है कि आज से चौबीस सौ वर्ष पूर्व मौर्य शासन इतना विकसित स्वरूप कैसे उपस्थित कर सका। आज के विज्ञान के आविष्कारों के न होते हुए भी सम्राट् चंद्रगुप्त मौर्य ने शासन की आधुनिकतम प्रणालियों का उपयोग किया। यदि हम इसका पूर्ण विवरण जानना चाहते हैं तो हमको सम्राट् चंद्रगुप्त मौर्य के प्रधानमंत्री, सहयोगी एवं गुरु विष्णुगुप्त कौटिल्य के अपूर्व ग्रंथ अर्थशास्त्र को पढ़ना चाहिए। इसमें उन सब विषयों का वर्णन है, जिनसे कोई भी राष्ट्र शक्तिशाली हो सकता है। इसमें

किसी तत्त्ववेत्ता की मन:सृष्टि के काल्पनिक सिद्धांत नहीं हैं, किंतु एक सूक्ष्मदर्शी, यथार्थवादी विचारक तथा क्रांतिकारी कर्मयोगी के विचार हैं; राष्ट्र के उत्थान-पतन के कारणों की विवेचना करके स्वयं राष्ट्र-निर्माण करने वाले कूटनीतिज्ञ तपस्वी के अनुभूत प्रयोग हैं; मनोविज्ञान, राजनीति और अर्थनीति के वे सिद्धांत हैं, जो व्यवहार की कसौटी पर कसे जा चुके हैं। एक विद्वान् के अनुसार यह ग्रंथ उनकी ओर से देश को दिया हुआ अधिकार-पत्र है, हमारे लिए उपयोगी ज्ञान का भंडार है।

वैसे तो भारतभूमि सदा ही सोना उगलती रही है, परंतु सम्राट् चंद्रगुप्त मौर्य के काल की शांति और व्यवस्था के कारण तो यह भूमि सचमुच रत्नगर्भा हो गई थी। चारों ओर सुख और संपन्नता का राज्य था। सम्राट् चंद्रगुप्त मौर्य एवं चाणक्य के राष्ट्रीय प्रयत्नों के फलस्वरूप ही भारत महती शक्ति का संपादन कर सका, जिसके भरोसे सम्राट् अशोक ने राष्ट्रीयता से आगे बढ़कर विश्वकल्याण के मार्ग पर पग बढ़ाया। इस राष्ट्रशक्ति के निर्माता चंद्रगुप्त और चाणक्य में से अपने भुजबल का आश्रय लेकर प्रत्यक्ष पराक्रम करने वाले तथा अंत में इस शक्ति के केंद्र-स्वरूप संसार के सामने प्रकट होने वाले सम्राट् चंद्रगुप्त मौर्य का यह पावन चरित्र है।

# अनुक्रम

# वैभवशाली राज्य तथा विलासी राजा

जिस काल का हम वर्णन कर रहे हैं, तब से अब तक पृथ्वी सूर्य के चारों ओर लगभग ढाई हज़ार चक्कर लगा चुकी है और इसी की भाँति भारत का भाग्यचक्र भी न मालूम कितनी बार घूम चुका है। उस समय मगध में महापद्म नंदों का राज्य था। भारत स्वतंत्र था, यहाँ का व्यापार ख़ूब बढ़ा-चढ़ा था। यहाँ के बने हुए माल से देश-विदेश के बाजार पटे पड़े थे। हिंदू शिल्पियों के हाथ में कुछ ऐसी सफाई थी, कुछ ऐसा जादू था कि जिस चीज को वे बनाते थे, वही सबका मन मोह लेती थी। राजा भी यहाँ के कला-कौशल तथा व्यापार को ख़ूब प्रोत्साहन देता था। क्यों न देता? इससे लाभ तो उसके राज्य और देशवासियों का ही होता था। इस बढ़े हुए व्यापार के कारण देश में ख़ूब धन था। राजकोष भी भरा पड़ा था। राजा के पास दस पद्म रुपया होने के कारण ही उसका नाम 'महापद्म नंद' पड़ा था। अपनी उँगली पर इकाई गिनकर देखो तो और सोचो कि कितना था वह महापद्म रुपया! आज अगर दुनिया के सब आदमियों को यह रुपया बाँटा जाए तो एक-एक आदमी के पास 50 लाख रुपया होगा और अकेले हिंदुस्थान में ही बाँटा जाए तो हममें से हर एक को 2.5 करोड़ रुपया मिले। ओह! कितना होगा वह धन! और कितने सुखी थे, उस समय के स्वतंत्र हिंदुस्थान के लोग।

आज तो हिंदुस्थान में लखपति ही गिनती के हैं, फिर करोड़पतियों का तो पूछना ही क्या! बाक़ी तो हमारी साल भर की आमदनी कुल 56 रुपया ही है। इस वैभवशाली मगध राज्य की राजधानी थी कुसुमपुर। यह वही है, जो

आज पटना कहलाता है। उस समय इसका नाम कुसुमपुर था, बाद में यहीं पाटलिपुत्र बसाया गया, जो बाद में बिगड़कर पटना हो गया। कुसुमपुर वास्तव में कुसुमपुर ही था। जैसे भौंरे पुष्प की सुगंध से आकर्षित होकर उसके चारों ओर मँडराते रहते हैं, उसके गुणगान का गुंजन करते हैं, उसके गौरव के गीत गाते हैं तथा कुसुम के रस का पान करके अपनी इच्छा को तृप्त करते हैं; उसी प्रकार कुसुमपुर के वैभव तथा व्यापार के कारण दूर-दूर के यात्री और व्यापारी वहाँ आते थे, उनका सदा ही जमघट लगा रहता था। वहाँ के सौंदर्य को देखकर अपनी आँखों को तृप्त करते, वहाँ के व्यापार से अपनी अभिवृद्धि करके अपनी इच्छाओं की पूर्ति करते तथा जहाँ भी जाते, कुसुमपुर की कला और उसके धन की कहानी अपने साथ ले जाते। देश-विदेश के राजदूत भी इस राजा के दरबार में उपस्थित होना अपना सौभाग्य समझते थे।

महापद्मनंद के वंशज बड़ी अच्छी तरह से राज्य करते रहे। राजा होते हुए भी वे अपने आपको प्रजा का स्वामी न समझकर उनका सेवक समझते थे। हमारे यहाँ राजा का यही आदर्श है। राजा प्रजा की भलाई करना और सेवा करना अपना कर्तव्य मानता था, तो छोटे-छोटे कर्मचारी भी सदा प्रजा के हितों का ध्यान रखते थे। परंतु यह दशा अधिक दिनों नहीं रही। नंद वंश का अंतिम राजा धनानंद बड़ा ही विलासी हो गया। राजकाज में उसका मन बिल्कुल नहीं लगता था। वह अपना सारा समय नाच-गान, आमोद-प्रमोद तथा रँगरलियों में व्यतीत करता। कभी वसंतोत्सव धूमधाम से मनाने में रुपया पानी की तरह बहाया जाता तो कभी होलिकोत्सव पर प्रजा का धन बुरी तरह फूँका जाता। राजा अपने को प्रजा के धन का मालिक समझने लगा था। ऐसे व्यसनी राजा को किसी की नेक सलाह भी अच्छी नहीं लगती है। वह तो केवल अपने खुशामदियों के ही वश में रहता है, जो उसकी जी-हुजूरी करते रहते हैं।

सौभाग्य से इस राजा का मंत्री कात्यायन बहुत ही योग्य था। उसका उपनाम था, अमात्य 'राक्षस'। वह केवल नाम से 'राक्षस' था। वैसे वह ब्राह्मण था, बड़ा ही विद्वान् था, नीतिनिपुण था तथा नंद के राज्य को बड़ी कुशलता से सँभाले हुए था। साथ ही वह अत्यंत स्वामिभक्त एवं राजभक्त

था। राजा नंद के हाल देखकर उसको बड़ा दु:ख होता था। वह चाहता था कि राजा राजकाज में ध्यान दे, परंतु राजा नंद तो अपने महलों से ही नहीं निकलता था। यहाँ तक कि मंत्री 'राक्षस' भी उससे बड़ी कठिनता से मिल पाता था।

मंत्री की इतनी योग्यता होते हुए भी राजा के राजकाज में ध्यान न देने के कारण राज्य में चारों ओर गड़बड़ मच गई। प्रजा दु:खी रहने लगी। प्रजारंजन के कारण ही राजा का राजा नाम पड़ा है। राजा धनानंद तो प्रजारंजन के स्थान पर अपना ही मनोरंजन करता था। भगवान् राम ने राजा का जो आदर्श रखा था तथा जिसको सभी भारतीय नरेश और राजा धनानंद के पूर्वज पालन करते आए थे, उसको वह भूल गया। राम का आदर्श था—लोकाराधन, न कि लोकशासन। हाँ, इस प्रकार प्रजा की सेवा करने वाले राजा राम को प्रजा ने अपना स्वामी माना था, उनकी भक्ति करना अपना सौभाग्य समझा। राजा धनानंद ही जब प्रजा के लिए अच्छी भावना नहीं रखता था तो प्रजा में भी स्वभावत: उसके प्रति निष्ठा रखने वालों की कमी हो गई। उनके दु:खों को कोई भी सुनने वाला नहीं था। राजा धनानंद तक न तो किसी की पहुँच थी और न उसको इतना अवकाश ही था कि वह अपना राग-रंग छोड़कर दु:ख और दर्द की कहानियाँ सुने। इससे पूर्व नंदों के शासन-काल में प्रजा जिन अधिकारों का उपभोग कर चुकी थी, उनका अपहरण उसको खलने लगा। वह तो सुख, शांति और सम्मानपूर्ण जीवन बिताने की आदी थी, परंतु नंद-राज्य के दिन उसको दूभर होते जा रहे थे। अपने चारों ओर नंद के विलासपूर्ण कृत्यों को देखकर प्रजा की नैतिक भावना को ठेस लगती थी और उसके अत्याचार देखकर उसकी आत्मा विक्षुब्ध हो उठती थी। आत्मसम्मान की रक्षा करने वाले और उसको मिटाने वालों में स्वाभाविक ही संघर्ष छिड़ गया। जगह-जगह आकाश की ओर उठने वाले धुएँ ने बताया कि अंदर आग सुलग रही है। लोगों ने इसी धूम्रपुंज में उठते हुए एक भव्य मूर्ति को देखा। यही है हमारा शासक चंद्रगुप्त मौर्य।

□

# देशप्रेम

चंद्रगुप्त मौर्य क्षत्रिय था। प्रारंभ में यह जाति मोर पर्वत के आसपास रहती थी। चंद्रगुप्त राजा नंद के यहाँ एक साधारण सैनिक था, परंतु वह था अत्यंत शूर एवं धीर। उसमें देशप्रेम कूट-कूटकर भरा था। अपने आसपास के लोगों में उसका बड़ा आदर था। उसके साथी उसको बड़ी श्रद्धा से देखते थे। उसने अस्त्र-शस्त्रों के प्रयोग में बड़ी निपुणता प्राप्त कर ली थी। विशेषकर धनुष-बाण और शूल में तो कोई भी उसकी बराबरी नहीं कर सकता था। उसके साथी उसके अचूक निशाने को देखकर उसे अर्जुन का अवतार कहते थे। परंतु इन शस्त्रास्त्रों से भी बढ़कर उसके पास एक और बड़ी चीज थी, वह थी उसके हृदय की दृढता, उसकी निर्भीकता, उसका आत्मविश्वास। जब अपने साथियों का ध्यान वह मगध राज्य के अत्याचारों की ओर खींचता तथा उनसे उसका विरोध करने को कहता तो वे—"भैया चंद्रगुप्त, तुम तो उनका विरोध कर सकते हो, क्योंकि तुज़्हारा शूल शत्रु के पेट की अँतड़ियों को भी खींचकर बाहर ला सकता है, तुज़्हारा बाण छिपे-से-छिपे शत्रु का भी सिर धड़ से अलग कर सकता है, परंतु हम क्या ज़ाकर उनका विरोध करें? हममें कहाँ है इतनी कुशलता?" तब चंद्रगुप्त उनको यही बतलाता कि शस्त्रों की ताक़त से दिल की ताक़त ज़्यादा है, जिसमें आत्मविश्वास है, वह दुनिया में सबसे अधिक शक्तिशाली है। हम अन्याय और अत्याचार सहन नहीं करेंगे, बस यही भावना हमारे हृदय में होनी चाहिए और यही सबसे बड़ी शक्ति है। मनुष्य निर्भीक हो तो, फिर उसे कौन सी

शक्ति झुका सकेगी?

एक दिन चंद्रगुप्त और उसके साथी बैठे हुए बातचीत कर रहे थे। कोई आठ-दस तरुण एक वृद्ध को घेरे हुए थे। उनके गठे हुए शरीर और चौड़ी छाती को देखने से पता चलता था कि वे नित्य प्रति व्यायाम करते थे। राजा नंद के विलास और अत्याचारों का परिणाम अभी तक प्रजा के आहार-विहार पर नहीं पड़ा था। उनका नैतिक आदर्श अभी भी ऊँचा था। दुर्बलता एक पाप समझी जाती थी, इसलिए हर एक आदमी शक्तिशाली बनने की प्राणपण से कोशिश करता था। खाने-पीने की न तो किसी भी भाँति की कमी थी और न कोई इसमें लोभ करता था। इन सब तरुणों के बीच बैठा हुआ वृद्ध उनको पिछले राजाओं के समय का हाल बता रहा था। उसने उन्हें रघु की दिग्विजय का हाल बताया और फिर राम के द्वारा राक्षसों के वध और रावण के विरुद्ध युद्ध का रहस्य बतलाया।

"तो क्या दादा, आप समझते हैं कि यदि रावण सीता का हरण नहीं करता तो भी राम रावण से युद्ध करते?" उनमें से एक ने पूछा।

"अवश्य करते बेटा! उनका तो उद्देश्य ही भारतवर्ष से सब राक्षसों को, जो कि भारत की सज्यता और धर्म को मिटाकर नष्ट कर देना चाहते थे, समूल उखाड़ फेंकना था। अगर रावण सीता को लौटा देता तो युद्ध का कोई और कारण ढूँढ़ना पड़ता। उन्हें तो चक्रवर्ती साम्राज्य स्थापित करना था। बिना उसके देश कैसे सुख और शांति से रह सकता है।"

"आज तो कोई चक्रवर्ती सम्राट् नहीं है, दादा?"

"नहीं बेटा! आज कोई चक्रवर्ती सम्राट् नहीं है; इसीलिए तो सुना है कि अलिक्सुंदर ने भारत पर चढ़ाई करने की सोची है। आज तक भारत पर आक्रमण करना तो दूर, कोई मन में इस बात का विचार भी न ला सकता था।" यह कहते-कहते उस वृद्ध का गला रुँध गया और सूखी आँखों से भी दो अश्रु-बिंदु गिर गए।

"दादा! आज भारत में कई छोटे-छोटे राजा हैं, क्या वे आपस में मिलकर अलिक्सुंदर से नहीं लड़ेंगे?" विजयगुप्त ने पूछा।

''क्यों, मिलेंगे क्यों नहीं!'' विनयमित्र बोला, ''शत्रु के विरुद्ध तो सबको मिलकर ही लड़ना चाहिए।''

''अरे नहीं विनयमित्र! शत्रु उनसे एक साथ कहाँ लड़ेगा, वह तो एक-एक से लड़ेगा, और यहाँ के राजा लोग यह कहाँ समझते हैं कि पड़ोसी के राज्य पर हमला है तो हम भी वहीं जाकर शत्रु का सामना करें। जो दुष्ट प्रकृति के हैं, वे तो पड़ोसी पर आपत्ति आई देखकर प्रसन्न होंगे और जो जरा सज्जन हैं, वे अपने राज्य को बचाने की फिक्र करेंगे, परंतु जाकर दूसरे की सहायता नहीं करेंगे।'' चंद्रगुप्त ने कहा।

''एक और भी तो कठिनाई है, चंद्रगुप्त,'' वृद्ध बोला, ''ये छोटे-छोटे राजा हैं तो एक-दूसरे के बराबर, यदि वे मिले तो नेता किसे बनाएँ। इतनी समझ उनमें कहाँ है कि ऐसे अवसर पर छोटे-बड़े का ख़याल नहीं किया जाता। आज मगध का राज्य ही भारत में सब से बड़ा राज्य है। वह यदि चाहे तो सब राजा उसके मांडलिक बन जाएँ और फिर भारत में एकच्छत्र राज्य हो जाए। ऐसा राज्य ही अलिक्सुंदर जैसे शत्रु का सामना कर सकता है, और कोई नहीं।''

''फिर तो भारत की रक्षा की ज़िम्मेदारी मगध की है।'' विश्वगुप्त बोला।

''हाँ, मगध की ही,'' वृद्ध ने दृढता से कहा, ''पर हमारे महाराज को इतनी फुरसत कहाँ है!'' वृद्ध ने एक क्षण बाद ही ठंडी साँस लेते हुए कहा।

''तब तो हम यूनानियों के ग़ुलाम हो जाएँगे।'' वसुमित्र ने व्यग्रता से कहा। यह सुनते ही सब के चेहरे फक पड़ गए; हृदय धड़कने लगा और एकाएक सबके मुँह से निकल पड़ा, ''ग़ुलाम—यूनानियों के!''

''और इसलिए कि मगध के सिंहासन पर एक अकर्मण्य और विलासी राजा बैठा है।'' वृद्ध ने ज़ोर देकर कहा।

चंद्रगुप्त का हाथ एकदम तलवार की मूँठ पर गया, मानो सामने ही यूनानी उनको ग़ुलाम बनाने आ रहे हों, और वह उनसे लड़ने को उद्यत है। उसकी त्योरियाँ चढ़ गईं। ''भारतवर्ष ग़ुलाम? नहीं, कभी नहीं!'' उसने

सरोष पर दृढता से कहा।

''कभी नहीं!'' एक साथ आठ आवाज़ें गूँज गईं।

''कभी नहीं! पर कैसे?'' वृद्ध ने स्मित हास्य के साथ पूछा। एक क्षण को सब चुप हो गए, मानो किसी गहरे विचार में पड़ गए हों। भारत के स्वातंत्र्य के महान् उज़रदायित्व का पहाड़ सा बोझ! और धनानंद के निर्बल कंधे! उन्होंने देखा कि वह उस बोझ को नहीं सँभाल पा रहा है।

''हम मगध का राजा ही बदल देंगे।'' अरिमर्दन ने एक ऐसे विजयगर्वित स्वर में कहा, मानो उसने समस्या को हल ही कर दिया हो। सबने अरिमर्दन की ओर देखा। और फिर एक बार चारों ओर देखा। सबकी दृष्टि चंद्रगुप्त पर ठहर गई।

''भैया चंद्रगुप्त हमारे महाराज होंगे।'' सब एकदम चिल्ला उठे। और दूसरे ही क्षण वह स्थान 'महाराज चंद्रगुप्त की जय!', 'मगधेश चंद्रगुप्त की जय!' के घोष से गूँज उठा। उस छोटे से दल ने एक ही क्षण में सैनिक चंद्रगुप्त को महाराज चंद्रगुप्त बना दिया। परंतु वे यह नहीं जानते थे कि चंद्रगुप्त को महाराज बनाना इतना सरल नहीं था। एकाएक अमात्य 'राक्षस' अपने चार सहचरों के साथ जब वहाँ आ धमका, तब उनको मालूम हुआ कि जयघोष के द्वारा अपने निश्चय की डौंड़ी पीटना उनके जीवन की सबसे बड़ी भूल हुई।

''यह मगधेश चंद्रगुप्त कौन है सैनिकों?'' अमात्य 'राक्षस' ने अधिकार एवं रोष भरे स्वर में पूछा, ''म-हा-राज-चंद्र-गु-प्त?'' घृणा के स्वर में उसने दूसरे ही क्षण कहा।

सब सैनिक एकदम भौंचक्के से रह गए। वे क्या उज़र दें, उनकी समझ में नहीं आता था। शायद स्वयं महाराज नंद उस समय आते तो वे उनका सामना करते; उनको आनंद ही होता कि उनके निश्चय की पूर्ति इतनी जल्दी हो सकी। आज ही, अभी चंद्रगुप्त सच में महाराज चंद्रगुप्त होते। पर यहाँ तो थे अमात्य 'राक्षस'। उनसे वे क्या कहें। उनसे कहने की न तो उनकी हिज़्मत ही थी और न बुद्धि ही सलाह देती थी कि उनका बाल भी बाँका किया जाए।

क्योंकि यूनानियों को हराने को जहाँ चंद्रगुप्त जैसे वीर एवं शूर राजा की आवश्यकता थी; वहाँ अमात्य 'राक्षस' जैसे राज्यकार्य कुशल, लोकप्रिय एवं नीतिपटु मंत्री की भी तो आवश्यकता थी। एक के बिना दूसरा अपूर्ण था।

"अमात्यवर! यूनानी भारत पर आक्रमण कर रहे हैं!" अरिमर्दन ने बड़ी हिज़्मत करके कहा।

"मुझे ज्ञात है, सैनिक!" 'राक्षस' ने एकदम, पर रोष भरे शब्दों में कहा, "परंतु इससे तो सैनिक चंद्रगुप्त महाराज चंद्रगुप्त नहीं हो सकता।"

वे दसों सैनिक बंदी बना लिए गए। उन पर राजविद्रोह का अभियोग चला। राजा धनानंद यह सुनकर कि सैनिक चंद्रगुप्त ने राजविद्रोह किया है, आग-बबूला हो गया। उसने आज्ञा दी कि चंद्रगुप्त को फाँसी लगा दी जाए। चंद्रगुप्त को मृत्यु का डर नहीं था। वह वीर था, वह जानता था कि देश के लिए मरने का सौभाग्य थोड़ों को ही मिलता है। वह कोई अपने लिए सम्राट् थोड़े ही बनना चाहता था। वह तो भारत को यूनानियों से बचाने के लिए तथा भारत में फिर से शांति स्थापित करने के लिए इस काँटों के मुकुट को ग्रहण कर रहा था। परंतु उसको इस बात का दुःख अवश्य था कि वह इस अन्यायी राजा के हाथ से मारा जाएगा, पर देश की रक्षा न कर सकेगा। यदि युद्ध में लड़ते-लड़ते मारा जाता, तब तो वह वीरगति प्राप्त करता।

परंतु चंद्रगुप्त को इस प्रकार मरना नहीं था। राज्य की जनता नंद से प्रसन्न नहीं थी, वरन् वह तो उसके अत्याचारों से पीड़ित थी। फिर जो स्वयं वीर हैं, स्वदेश प्रेमी हैं, वे ऐसे आलसी और विषयी राजा को कब पसंद करेंगे। हर एक चाहता तो यही था कि नंद राजा न रहे; परंतु वह सोचता कि केवल मैं अकेला ही तो यह चाहता हूँ और मैं अकेला कर ही क्या सकता हूँ। इस तरह उन सबमें अकेलेपन की भावना थी। सब लोग चंद्रगुप्त को अपना रक्षक एवं अगुआ मानने लगे; परंतु वह भी मन-मन में। चंद्रगुप्त ने अभी तक ऐसी कोई योजना तो बनाई नहीं थी कि सबका उसके साथ संबंध आए। सब एक सी भावना रखने वाले लोग एकत्र होकर अपने सामूहिक बल का अनुभव करें तथा उस एक के नेतृत्व में रहकर कार्य करें। इसीलिए नंद के विरुद्ध

जनमत कितना भी क्यों न हो, वह इस प्रकार के असंगठित समूह के भरोसे राजा नहीं बन सकता था। परंतु हाँ, उसको इतना लाभ अवश्य हुआ कि बंदीगृह की दीवारें उसको अधिक दिनों तक न रोक पाईं। रात्रि के घने अंधकार में वह एक दिन भाग निकला। सोता हुआ नंद स्वप्न में चीख उठा और उधर उसकी पहुँच से परे चंद्रगुप्त के रूप में उसकी मृत्यु अट्टहास कर रही थी।

□

# चाणक्य की चिंता

आज हम काशी (बनारस), प्रयाग (इलाहाबाद) आदि जैसे बड़े-बड़े विश्वविद्यालयों के नाम सुनते हैं। उसी प्रकार से एक विद्यालय प्राचीन काल में तक्षशिला में था। तक्षशिला पंजाब में है। यह विश्वविद्यालय बहुत बड़ा था, आज के विश्वविद्यालयों से बहुत बड़ा। इसमें दस हज़ार से भी अधिक विद्यार्थी पढ़ते थे; आज लखनऊ, काशी, प्रयाग तीनों विश्वविद्यालयों को मिलाकर भी इतने विद्यार्थी नहीं हैं। अमात्य 'राक्षस' ने यहाँ शिक्षा पाई थी। जब वे यहाँ पढ़ते थे, तब उनके साथ ही एक और ब्राह्मण बालक पढ़ता था, उसका नाम था—विष्णुगुप्त। विष्णुगुप्त अत्यंत मेधावी एवं प्रखर बुद्धि का था। परंतु विधाता ने जहाँ उसको मेधा शक्ति खुले हाथों दी थी, वहाँ शरीर-सौंदर्य देते समय अपना हाथ खींच लिया था। उसका रंग काला था, मानो हृदय और मस्तिष्क में स्थान न पा सकने के कारण अज्ञानांधकार बाहर निकलने का प्रयास कर रहा हो। इस सौंदर्यहीन विष्णुगुप्त तथा 'राक्षस' में बड़ी घनिष्ठता थी, शायद इसलिए कि वे दोनों ही राजनीति और समाजशास्त्र में विशेष रुचि रखते थे। राष्ट्रशक्ति की कारण-मीमांसा पर उनमें ख़ूब चर्चा होती थी। यह विष्णुगुप्त बाद में 'चाणक्य' व 'कौटिल्य' के नाम से प्रसिद्ध हुआ।

शिक्षा प्राप्त करके 'राक्षस' मगध जैसे बड़े राज्य का अमात्य बना। परंतु चाणक्य इन झगड़ों से दूर कुटी बनाकर रहता था तथा अपना समस्त समय ज्ञानार्जन में लगाते हुए जो विद्यार्थी उसके पास पढ़ने आते, उन्हें पढ़ा देता था।

एक दिन एक शिष्य ने आकर बताया, "आर्य! यवनों ने भारत में प्रवेश कर लिया है।"

आर्य चाणक्य के माथे पर सिकुड़न पड़ गई; विस्फारित नेत्रों से उन्होंने अपने शिष्य की ओर देखा तथा धीरे-धीरे 'यवनों ने भारत में प्रवेश कर लिया है' वाक्य को दुहराया, मानो साथ ही वे किसी गहन विचार में भी पड़े हों।

"क्या भारत का प्रवेश-द्वार किसी ने रोका नहीं?" उन्होंने पूछा।

"सीमांत पर अवश्य जी-जान से लड़े गुरुदेव! परंतु उनका किला अलिक्सुंदर ने बुरी तरह घेर रखा था। इधर तक्षशिला का राजा आंभिक तो शत्रु से पहले ही मिल गया था। ऐसी दशा में अश्वकों ने अलिक्सुंदर से संधि की प्रार्थना की। उसने उनसे इस शर्त पर संधि की कि वे देशी राजाओं के विरुद्ध उसकी सहायता करें। क़िले के फाटक खुल गए। अश्वक बाहर निकल आए। कुछ दूर उन्होंने अपना पड़ाव डाल दिया। उनकी इच्छा थी कि जन्मभूमि भारत में जाकर यवनों के विरुद्ध लोगों को भड़का दें।"

"ठीक ही सोचा उन्होंने, यही नीति है।" आर्य चाणक्य बीच ही में बोल उठे।

"पर आर्य! वे ऐसा न कर पाए। अलिक्सुंदर को इसकी टोह लग गई। एक रात जब वे सो रहे थे तो अचानक उसने उन पर आक्रमण कर दिया, विश्वासघात किया। वीर अश्वकों ने झट से अपनी व्यूह रचना की। स्त्री और बालकों को बीच में किया तथा शेष घेरकर यवनों से लड़ने लगे। परंतु अलिक्सुंदर की सेना विशाल थी। पुरुष वर्ग काम आया; फिर स्त्रियाँ लड़ीं और अंत में छोटे-छोटे बालक भी," कहते-कहते शीलभद्र का सीना तन गया तथा गर्व से मस्तक ऊँचा उठ गया।

"और क्या हुआ शीलभद्र?" आर्य चाणक्य ने पूछा।

"गुरुदेव! आगे तो उसका मार्ग निरापद रहा, परंतु वितस्ता[7] के तट पर राजा पर्वतक से घोर युद्ध हुआ। अलिक्सुंदर ने अपना युद्ध-कौशल तो बहुत दिखाया, परंतु कुछ चली नहीं। जब झेलम के किनारों पर दोनों ओर की

सेनाएँ आमने-सामने खड़ी थीं, तब अलिक्सुंदर ने यह दिखाने का प्रयत्न किया कि बरसात में वह नदी पार नहीं करेगा तथा रसद इकट्ठा करना शुरू कर दिया। परंतु एक अँधेरी रात में बीस मील ऊपर चलकर उसने झेलम पार की तथा रात में ही आक्रमण कर दिया। पर्वतक की सेना कोई अचेत नहीं थी। आक्रमण का करारा जवाब दिया गया। घोर युद्ध हुआ। अभी तक यवन सेना को कहीं गजसेना का सामना नहीं करना पड़ा था। पर्वतक के हाथियों ने यवन सेना को बुरी तरह कुचला। अपनी सूँड़ से लपेट-लपेटकर अश्वारोहियों को पृथ्वी पर पछाड़ दिया। बहुतों को सूँड़ में लपेटकर ऊँचा उठा देते थे तथा महावत झट से उनका सिर काट देते थे। पृथ्वी पर पटक पैर से रौंद पाताल लोक पहुँचाना तो मानो उनका खेल ही था। अलिक्सुंदर ने जब सेना में यह त्राहि-त्राहि देखी तो वह बहुत ही घबड़ाया, उसने अपनी बची-खुची सेना को भी दूसरे किनारे से बुलवा लिया, परंतु कोई लाभ नहीं हुआ। हारकर अंत में उसने पर्वतक के सामने मित्रता का हाथ बढ़ाया।''

''तो अलिक्सुंदर पराजित हुआ?'' आर्य चाणक्य ने प्रसन्न होकर कहा।

''हाँ आर्य! पराजित तो हुआ, परंतु उसकी पराजय से भारत को कोई लाभ नहीं हुआ। उसकी गति अभी तक नहीं रुकी है। उसने देखा कि पर्वतक एक महज़्वाकांक्षी राजा है; अत: उसने प्रस्ताव किया कि चलो, हम दानों आगे चलकर भारत को जीतें, तुम भारत के सम्राट् बनना और मैं विश्व का सम्राट्।''

''कितना अबोध है पर्वतक! राजनीति में कोरा!'' आर्य चाणक्य विक्षुज़्ध होकर बोले।

''अब अलिक्सुंदर आगे बढ़ रहा है, आर्य! उसकी सेना ने गाँव-गाँव में अत्याचार करना प्रारंभ कर दिया है; कई गाँव जला डाले हैं। जो जरा भी सिर उठाता है, उसका वध कर दिया जाता है। गाँव लूटे जा रहे हैं, ज़बरदस्ती लोगों से धन और सेवा ली जा रही है। यवन नन्हे-नन्हे बछड़ों की बलि देकर अपने उत्सव मना रहे हैं। गोवंश का ह्रास हो रहा है। आर्य! ऐसे

अत्याचार तो आज तक कभी नहीं सुने।'' शीलभद्र ने जरा तेज होकर कहा।

आर्य चाणक्य मौन थे। कुछ देर वे इसी प्रकार बैठे रहे। उनकी मुखमुद्रा और भावभंगिमा से यह मालूम पड़ता था, जैसे उनके मस्तिष्क में कोई विचार बड़ी तेजी से चल रहा है। अंत में वे बोले, ''वत्स शीलभद्र! महाराज पर्वतक द्वारा अलिक्सुंदर का हराया जाना तो अच्छा ही रहा। यवनपति अलिक्सुंदर को भी पता लग गया होगा कि हिंदुओं से लोहा लेना कितना कठिन है। इससे उसकी सेना की यह धारणा तो निर्मूल हो गई कि वह अजेय है। उनका आत्मविश्वास अवश्य ही हिल गया होगा। परंतु इसको बिल्कुल उखाड़कर फेंकना है, यह काम तुमको करना होगा। तुम पर्वतक की सेना में प्रवेश करो। सैनिकों द्वारा अलिक्सुंदर की सेना में यह प्रचार करो कि मगध की सेना अत्यंत विशाल एवं शक्तिशाली है। दुनिया में उसका कोई सामना नहीं कर सकता, और फिर वहाँ के हाथी तो पर्वतक के हाथियों से चौगुने अधिक हैं। उनकी संज़्या इतनी अधिक है कि उनके लिए एक अलग नगर बसाया गया है। वहाँ के मंत्री 'राक्षस' की एक अलग ही सेना है, जिसमें राक्षस-ही-राक्षस हैं, जोकि मनुष्यों को ज़िंदा ही खा जाते हैं। पानी तो इतना बरसता है कि महीनों बंद नहीं होता। मगध तक पहुँचने में अभी 180 नदियाँ और पार करनी पड़ेंगी, जिनमें बहुत सी तो ऐसी हैं कि जिनमें डूबते देर नहीं लगती, आदि-आदि। इससे उसकी सेना में भय का संचार होगा।''

''यह असत्य भाषण मैं कैसे करूँगा, आर्य?'' शीलभद्र ने कहा।

''यह समय सत्य-असत्य के विचारने का नहीं है, वत्स! अपने राष्ट्र का कल्याण और उसकी स्वतंत्रता ही सबसे बड़ा सत्य है। आज तो इस झूठे सत्य को लेकर अकर्मण्य बनकर बैठ जाओगे, कल समस्त देश पर विदेशी यवन मलेच्छों का राज्य हो जाएगा; उनके अत्याचार और उनका गोवध, क्या यह सत्य होगा। जाओ, यही सत्य है और इसे करो। मैं तब तक मगध जाता हूँ और अलिक्सुंदर के स्वागत की तैयारी करवाता हूँ। ऐसा स्वागत होगा, जैसा कहीं नहीं हुआ होगा।'' आर्य चाणक्य ने कहा।

''आर्य मगध से एक सैनिक आया हुआ है। वह भी लोगों को समझाता

रहता है कि उनको यवनों का विरोध करना चाहिए और एकदम भारत से बाहर निकाल देना चाहिए। पर्वतक को वह बहुत बुरा-भला कह रहा था। कहता था कि वे यवनों के चंगुल में फँस गए हैं। उन्हें भारत का सम्राट् बनना था तो स्वयं अपनी शक्ति से बनते। यवनों की सहायता करके उनके द्वारा भारत को पराधीन करवाना एक हिंदू को शोभा नहीं देता।'' शीलभद्र ने कहा।

आर्य चाणक्य की आँखों में एकदम उत्सुकता की चमक आ गई। ''वत्स! एक बार उसको मुझसे मिला दो। अवश्य ही वह हमारे लिए उपयोगी होगा।'' आर्य चाणक्य ने कहा।

''आर्य! अभी जाता हूँ, वह यहीं-कहीं लोगों से बातचीत कर रहा होगा। उसमें कुछ ऐसा जादू है कि जिससे एक बार बात करता है, उसे अपनी ओर खींच लेता है।'' शीलभद्र ने कहा।

''निस्स्वार्थ देशप्रेम ही वह जादू है, शीलभद्र! अच्छा, लाओ तो उस जादूगर को। देखूँ तो कैसा जादू है उसका!'' आर्य चाणक्य ने कहा।

□

# गुरु तथा शिष्य की पहली मुलाक़ात

गुरु को प्रणाम करके शीलभद्र चला गया। आर्य चाणक्य के मन में आज विचारों का तूफान मचा हुआ था। भारत में एक विदेशी राजा का प्रवेश, और वह भी यहाँ के राजा से हारने के बाद। उनको मन-ही-मन क्षोभ एवं क्रोध हो रहा था पर्वतक की मूर्खता पर। शत्रु को तो मूल से उखाड़ फेंकना चाहिए, यह नीति कहती है। उसका घर में घुसना, फिर चाहे वह अपने को कितना ही हितू क्यों न सिद्ध करे, हानिकारक ही है। खैर, अब पिछली भूल पर रोने से क्या लाभ, उन्होंने मन-ही-मन कहा, 'हाँ, आगे का प्रबंध करना चाहिए।' उन्होंने निश्चय किया कि मगध जाकर वहाँ के जनमत एवं सेना को अलिक्सुंदर के विरुद्ध करेंगे ही, परंतु उसके जीते हुए प्रदेशों में भी विद्रोहाग्नि को भड़काकर उसे दोनों ओर से घेरकर पीस देंगे। इसी प्रकार की बहुत सी योजनाएँ उनके मस्तिष्क में घूमती रहीं।

लगभग दोपहर होने पर शीलभद्र ने चंद्रगुप्त के साथ कुटी में प्रवेश किया। उसने देखा कि गुरु चाणक्य को वह जिस स्थिति में छोड़ गया था, उसी में अभी तक बैठे हैं तथा किसी गहन विचार में मग्न हैं। शीलभद्र और चंद्रगुप्त दोनों ने प्रणाम किया और बैठ गए। चंद्रगुप्त मन-ही-मन यह सोचने लगा कि इस काले-कलूटे ब्राह्मण ने जाने क्यों मुझे बुलवाया है। कहीं 'राक्षस' ने इसको मेरी खबर लाने तथा पकड़ लाने को तो नहीं भेजा है अथवा यवनों का कोई गुप्तचर तो नहीं है, यह विचार उसके मन में आते ही उसने अपनी तलवार की ओर देखा और फिर निश्चिंतता से बैठ गया।

कितना अधिक था उसका आत्मविश्वास।

आर्य चाणक्य ने बड़ी गंभीर वाणी में कहा, "सैनिक! आज अलिक्सुंदर मगध जीतने की लालसा से उस पर आक्रमण कर रहा है और तुम मगध छोड़कर यहाँ विचरण कर रहे हो। क्या तुमको अपने कर्तव्य का ज्ञान नहीं है? क्या तुम यह नहीं समझते कि मगध के हारने से समस्त भारत परतंत्र हो जाएगा?"

"मुझे अपने कर्तव्य का भी ज्ञान है और मैंने भारत की स्वतंत्रता-परतंत्रता के प्रश्न पर भी विचार किया है, विप्रवर!" चंद्रगुप्त ने उसी प्रकार गंभीरता से उज़र दिया।

"फिर यहाँ क्यों आए हो? यदि हर एक सैनिक अपनी इच्छा से इधर-उधर घूमता रहेगा तो क्या मगध की रक्षा हो सकेगी?"

"क्यों नहीं होगी। मगध कोई पारस या मिस्र थोड़े ही है, जो इस गर्व से फूले स्वयं ही अपने को विश्व विजेता कहने वाले अलिक्सुंदर की एक ही चोट में अवनत हो जाए।" चंद्रगुप्त ने बहुत ही सोच-समझकर कहा। चंद्रगुप्त ने सोचा कि यदि इस ब्राह्मण के सज़्मुख मगध की दुर्बलता का वर्णन किया और यदि यह कहीं यवन सेना का गुप्तचर हुआ तो अलिक्सुंदर का हौसला और बढ़ जाएगा। चंद्रगुप्त को धनानंद ने फाँसी की सजा दी थी, परंतु फिर भी वह नहीं चाहता था कि यवनेश अलिक्सुंदर मगध पर आक्रमण करे। कितना उत्कृष्ट तथा सुलझा हुआ था उसका देशप्रेम। और यही देशप्रेम है किसी भी व्यक्ति की बहुमूल्य निधि।

आर्य चाणक्य चंद्रगुप्त से बातचीत करते-करते उसे बड़ी पैनी दृष्टि से देख रहे थे। उसका देशप्रेम उनसे छिप न सका और इसलिए इधर-उधर की बातचीत करने की अपेक्षा उसके सज़्मुख उन्होंने अपना हृदय खोलकर रख देना उचित समझा। वे बोले, "सैनिक! अलिक्सुंदर के विरुद्ध मगध की सेना भली-भाँति लड़ सके, इतना ही नहीं, उसको वह मगध पहुँचने के पहले ही रोक दे तथा खदेड़कर देश के बाहर निकाल दे, इसके लिए मैं मगध जाऊँगा। क्या तुम मेरी कुछ सहायता कर सकते हो?"

यह सुनकर चंद्रगुप्त को भी आर्य चाणक्य की सत्यता पर विश्वास हो गया, क्योंकि शज़्दों से भी अधिक आर्य चाणक्य के स्वर से पता चलता था कि वे यवनों को भारत से बाहर निकाल देने के लिए कितने तुले बैठे हैं। चंद्रगुप्त ने उनको अपना परिचय दिया तथा महाराज धनानंद के समस्त अत्याचारों का पूरा वर्णन किया; वह क्यों भागकर आया है, यह सब बताया।

यह सुनकर आर्य चाणक्य ने चंद्रगुप्त को बड़े ध्यान से देखा और फिर ऐसे सिर हिलाया, मानो उन्होंने कोई दृढ निश्चय किया हो। उन्होंने देखा कि चंद्रगुप्त अवश्य ही मगध का सम्राट् बनने के योग्य है। परंतु फिर भी आज तो मगध के सम्राट् पद से अधिक महज़्च का कार्य है यवनों को देश से निकालना। चंद्रगुप्त ने उनको बताया था कि मगध का राजा तो इतना विलासी है कि वह इस बात की कोई चिंता ही न करेगा। ''पर उसका मंत्री 'राक्षस' तो है। वह जैसे और सब काम देखता है, वैसे यह कार्य भी करेगा।'' आर्य चाणक्य ने कहा।

''हाँ आर्य! अमात्य राक्षस तो हैं, परंतु वे तो इतने स्वामिभक्त हैं कि बिना नंद की आज्ञा के कछ करेंगे ही नहीं, और नंद आज्ञा देगा नहीं।'' चंद्रगुप्त ने बतलाया।

''फिर भी जाना तो चाहिए ही। 'राक्षस' मेरा सहपाठी है। देशभक्त भी है। अवश्य ही वह मेरा कहना मानेगा।'' ऐसा कहकर आर्य चाणक्य ने यह निश्चय किया कि चंद्रगुप्त यहीं रहकर अलिक्सुंदर के मार्ग में जितनी बाधाएँ डाल सके, डाले तथा वे मगध जाकर वहाँ सहायता प्राप्त करके यमुना से आगे तो अलिक्सुंदर को किसी भी प्रकार न बढ़ने दें तथा शीघ्र ही देश से निकाल बाहर करें।

□

# आचार्य चाणक्य मगध में

उसी क्षण आर्य चाणक्य कुसुमपुर के मार्ग पर दिखाई दिए। वे निरंतर बढ़ते जाते थे।

मार्ग की वर्षा और धूप उनको नहीं रोक पाती थी। उनको तो बस यही धुन थी कि कब मगध पहुँचें। यदि कहीं एक क़दम भी रुक जाते तो मालूम होता कि बस अब यवन आगे बढ़ गए हैं। एक-एक क्षण, जो विदेशी एवं अत्याचारी यवन इस देश में बिता रहे थे, वह उनको एक-एक युग के बराबर मालूम होता था। और फिर उसकी पीड़ा तो उनको असह्य थी। अपने ध्येय के प्रति आवश्यकता है इतनी लगन एवं तन्मयता की। थके-माँदे वे बराबर डग बढ़ाए चले जाते थे। उनके क़दम रुके जाकर मगध के राज्य-कार्यालय के द्वार पर ही।

अमात्य 'राक्षस' को तक्षशिला के उस ब्राह्मण के आगमन की सूचना दी गई। अमात्य ने एकदम उनको अंदर बुलवाया; देखते ही दोनों का पिछला प्रेम उमड़ आया। राक्षस ने दौड़कर चाणक्य को बाहुपाश से जकड़ लिया। दोनों बड़े प्रेम से मिले। परंतु चाणक्य तो अपनी बात कहने के लिए अधीर हो रहे थे। "कुछ देश की भी खबर है, अमात्य राक्षस?" चाणक्य ने पूछा।

राक्षस प्रश्न को समझ गया। बोला, "हाँ, अलिक्सुंदर ने भारत में प्रवेश कर लिया है। पर्वतक से हारकर फिर उसी की सहायता से पंचनद के राजाओं को हरा रहा है।"

"वह मगध पर भी तो आक्रमण करेगा, अमात्य श्रेष्ठ!"

"उसके लिए मगध की सेना तैयार है। मगध की प्राणपण से रक्षा की जाएगी।"

"परंतु कब? कब वह कुसुमपुर को आकर घेर लेगा? आज पंचनद के छोटे राज्यों की रक्षा भी मगध की ही रक्षा है, और फिर देश से यवनों को बाहर करने का कार्य भी तो मगध का ही है!"

"इस सबके लिए तो महाराज से सलाह करनी होगी, विष्णुगुप्त!"

अंत में यह तय हुआ कि दूसरे दिन महाराज से सलाह ली जाए। चाणक्य का भी अमात्य राक्षस के साथ चलना तय हुआ। चाणक्य तो चाहते ही थे कि आज ही तथा अभी महाराज के पास चला जाए, परंतु राक्षस ने बतलाया कि कल से पहले तो महाराज से भेंट हो ही नहीं सकती। यह सुनकर चाणक्य को चंद्रगुप्त की बात याद आ गई। उनके माथे पर बल पड़ गए। सोचने लगे कि जिस राजा से उसका मंत्री भी इतने महत्त्व के कार्य के लिए समय पर नहीं मिल सकता, वह राजा भारत के इस महान् राज्य के योग्य कदापि नहीं है।

□

# संघर्ष का संकल्प

दूसरे दिन प्रात:काल ही अमात्य राक्षस तथा चाणक्य राजमहल के द्वार पर पहुँच गए। महाराज को सूचना भेजी गई। बड़ी देर बाद उज़्र आया कि बुला लाओ। दोनों अंदर गए। महाराज उस समय अपने प्रेमोद्यान में झूला झूल रहे थे। नर्तकियों का झुंड-का-झुंड उन्हें घेरे खड़ा था। मदिरा-पात्र पास ही रखा था। अमात्य को देखते ही महाराज कहने लगे, "अमात्य, आप हमको व्यर्थ ही कष्ट देते हैं। आप ही क्यों नहीं सब काम कर लेते? ऐसा क्या बड़ा काम आ पड़ा? क्या होलिकोत्सव का अभी से प्रबंध करना है? ओह! अरे (चाणक्य की ओर जरा तिरस्कारपूर्ण दृष्टि से देखकर) यह ब्राह्मण कौन है? साक्षात् काल ही मालूम होता है।"

आर्य चाणक्य इस अपमानपूर्ण वाक्य को सुनकर एकदम क्रोध से लाल हो गए। उनकी आँखों में खून उतरने लगा, परंतु अत्यंत सावधानी से उन्होंने प्रयत्नपूर्वक अपने क्रोध को दबाकर वही शांत-मुद्रा बनाए रखी। वे जानते थे कि इस समय यवनों को भारत से खदेड़ने के लिए मगध की सहायता चाहिए और उसके लिए राजाज्ञा प्राप्त करनी आवश्यक है। यह एक राष्ट्रकार्य है। राष्ट्रकार्य में इस प्रकार के मानापमान की चिंता नहीं की जाती। उनके स्वाभिमान को ठेस अवश्य लगी। परंतु उससे भी बढ़कर प्रश्न था राष्ट्र के स्वाभिमान का।

"महाराज! यह मेरे एक सहपाठी हैं; तक्षशिला से आए हैं। अलिक्सुंदर ने पर्वतक की सहायता से पंचनद के राजाओं से युद्ध प्रारंभ कर दिया है तथा

वह मगध आने वाला है।''

''मगध की सेना तो तैयार है, अमात्य! नई सेना की भरती शुरू कर दो और देखो, हमारे लिए कुसुमपुर से दूर पूर्व में एक महल झटपट बनवा दो, हम तो वहीं रहेंगे। लड़ाई से दूर, एकदम दूर, क्यों नर्तकियो! ठीक है न?''

''मगध की रक्षा के पहले तो पंचनद के राज्यों की रक्षा आवश्यक है, महाराज!'' आर्य चाणक्य ने बीच ही में कहा।

''पंचनद के राज्यों की रक्षा हमारी सेना क्यों करे, ब्राह्मण! तू चाहता है कि हमारी सेना तो सब वहाँ चली जाए और हम मगध में अकेले रह जाएँ।'' नंद ने कहा।

''महाराज, अलिक्सुंदर का आगे बढ़ना भारत और मगध के लिए घातक होगा और फिर उसको भारत के बाहर निकालना भी तो मगध राज्य का कर्तव्य है।'' आर्य चाणक्य ने कहा।

''हा! हा! हा! यह ब्राह्मण हमको कर्तव्य सिखाने आया है। नर्तकियों! जरा हमारे गुरुजी को देखना तो सही। काल भैरव के अवतार को जरा नमस्कार तो करो—हा! हा! हा!'' महाराज नंद ने व्यंग्य एवं तिरस्कार युक्त शब्दों में कहा।

आर्य चाणक्य फिर एक बार लहू का घूँट पीकर रह गए। उन्होंने शांतिपूर्वक कहा, ''ब्राह्मण का तो यह कार्य ही है, महाराज! आप यदि अब भी चुप बैठे रहे तो यवन अवश्य एक दिन मगध को नष्ट कर देंगे। फिर न तो मगध राज्य रहेगा और न मगध का राजा।''

विवेकहीन व्यक्ति की भाँति नंद यह नहीं समझ पाया कि उसका हित भी राष्ट्र के हित में है। आर्य चाणक्य की यह चेतावनी भी उसे बुरी लगी। वह बोला, ''तू हमको शाप देकर डराना चाहता है, ब्राह्मण! नर्तकियों! इस ब्राह्मण को धक्के मारकर निकाल तो दो! धृष्ट कहीं का!''

नर्तकियाँ आगे बढ़ीं। राजा के शब्दों ने आर्य चाणक्य की आशा को भग्न कर दिया। अपमान भरे इन शब्दों से उनका हृदय बिंध गया। उनका सात्त्विक क्रोध भड़क उठा। उन्होंने अपनी चोटी खोलकर प्रतिज्ञा की कि

जब तक नंद राजा का उच्छेद करके राष्ट्रहितैषी एवं कर्तव्यनिष्ठ राजा गद्दी पर नहीं बैठा दूँगा, तब तक चोटी नहीं बाँधूँगा।

नंद ने इसको ब्राह्मण का प्रलाप समझा और फिर एक बार नर्तकियों के साथ उच्च अट्टहास कर उठा।

आर्य चाणक्य एकदम राजमहल से बाहर हो गए। अमात्य राक्षस हतप्रभ सा यह सब कृत्य देखता रहा। वह क्या करे, उसकी समझ में नहीं आया। चुपचाप वह भी राजमहल से निकल आया। बाहर आकर आर्य चाणक्य से बोला, ''मित्र चाणक्य! व्यसनाधीन व्यक्ति की बुद्धि ठिकाने नहीं रहती, उसे क्षमा कर दो।''

''परंतु राजा का व्यसनी होना तो देश के लिए घातक है, अमात्यवर! नंद का उच्छेद अपने लिए नहीं, राष्ट्र के लिए करना होगा। देखते नहीं, अलिक्सुंदर एक के बाद एक छोटे-छोटे राज्यों को हराता जा रहा है। प्रत्येक राज्य का बच्चा-बच्चा अपनी स्वतंत्रता के लिए प्राणपण से प्रयत्नशील है, परंतु उनसे लड़ाई अलग-अलग हो रही है। एक छोटे से राज्य की सेना हो ही कितनी सकती है? अलिक्सुंदर के विशाल सैन्यबल के सागर में वह तरंग सी विलीन हो जाती है। आज देश में वीरता है, शूरता है, अपनी स्वतंत्रता की रक्षा करने के लिए सबकुछ अर्पण करने की शक्ति है, परंतु यदि कमी है तो एक सूत्र की, जो सबको एक साथ बाँध सके। अखिल भारतीय एकछत्र सम्राट् की आवश्यकता है। यदि यह नहीं हुआ तो भारतवर्ष में यवनों का आधिपत्य सदा के लिए हो जाएगा, और यदि इस बार अलिक्सुंदर लौट भी गया तो फिर कोई और आक्रमण कर देगा। क्या नंद इस योग्य है? बोलो राक्षस! तुम ही बोलो।''

राक्षस चुप था। फिर चाणक्य ने कहना प्रारंभ किया, ''राक्षस! तुम्हारे हृदय में देशभक्ति है, मैं जानता हूँ। जब हम-तुम साथ पढ़ते थे तो तुम सदैव देशभक्ति की बातें किया करते थे। आज यवनों का आक्रमण देश पर सबसे बड़ी विपत्ति है। देश के भाग्य का निबटारा वर्षों के लिए हो रहा है। तुम इस मगध राज्य के अमात्य हो। राजा व्यसनी है। परंतु तुम्हें तो अपने कर्तव्य का

ज्ञान है। शक्ति तुम्हारे ही हाथ में है। आओ, अपनी सेना को लेकर शत्रुओं को भारत सीमा से बाहर निकाल दें।''

''परंतु मित्र! क्या यह राजद्रोह नहीं होगा?'' अमात्य ने दबी जबान से कहा।

''अमात्यवर! राजा राष्ट्र के लिए है, न कि राष्ट्र राजा के लिए। यदि अलिक्सुंदर आज तुम्हारा राजा हो जाए, तो उसकी भक्ति भी तुम राजभक्ति मानकर करोगे? राजभक्ति वहीं गुण है, जहाँ वह राष्ट्र और देशभक्ति की पोषक हो, अन्यथा वह पाप है, सर्वथा त्याज्य है।''

''परंतु मैंने राजा का इतने दिनों तक अन्न खाया है, चाणक्य!''

''छिह-छिह! तुम कैसी अबोध बालक जैसी बातें करते हो। अन्न तो तुमने खाया है भारतभूमि का। आज उस पर विपत्ति है। आओ, अपने अन्न का भार चुकाओ।''

''मैं असमर्थ हूँ, चाणक्य!'' अंत में अमात्य ने कहा।

आर्य चाणक्य की सब आशाओं पर पानी फिर गया। फिर भी उन्होंने हिम्मत नहीं हारी। हाँ, चुपचाप एक ओर चल दिए। अमात्य उनको रोके, इतना उसका साहस नहीं हुआ।

□

# भारतीय पराक्रम तथा अलिक्सुंदर का अंत

आर्य चाणक्य लौटकर पंचनद गए। उन्होंने निश्चय किया कि वहीं जाकर वहाँ के

समस्त छोटे राज्यों को संगठित करके अलिक्सुंदर का एक साथ सामना किया जाए। परंतु वहाँ पहुँचने पर उनको पता चला कि उनके लिए इन सबकी कोई आवश्यकता ही नहीं रह गई थी। चंद्रगुप्त ने पहले ही इस साधन का सफल उपयोग कर लिया था। उसने समस्त पंचनद में घूम-घूमकर राजाओं से, उनके सेनापतियों से, गणराज्यों के प्रतिनिधियों से बातचीत की। उनको असली स्थिति समझाई। स्वयं राजा पर्वतक से मिला। उसके हृदय में दबे हुए देशप्रेम को उभारा। उसने उनसे कहा, ''महाराज, आप जैसे वीरों को जन्म देकर भारतभूमि अपने को धन्य समझती है। जिस अलिक्सुंदर को गर्व था कि दुनिया में उसको कोई नहीं हरा पाया, उसका गर्व आपने ही चूर किया। परंतु महाराज! वह आस्तीन का साँप बनकर अपने घर में आ घुसा है। आप क्या सोचते हैं कि मगध-विजय करने के बाद वह आपको राज्य करने देगा? अवश्य ही वह किसी-न-किसी प्रकार छलछिद्र से आपका वध कराएगा। वैसे भी यह कहाँ तक उचित है कि आपने जिसको पराजित किया हो, वह तो बने विश्वसम्राट् और आप उसके अधीन रहें भारतसम्राट?''

ये बातें सुनकर पर्वतक की आँखें खुल गईं। उन्होंने अपनी सेना को आगे बढ़ने से रोक दिया। पंचनद के छोटे-छोटे राज्य भी मिलकर

अलिक्सुंदर की सेना को त्रस्त करने लगे। शीलभद्र ने भी चाणक्य की आज्ञानुसार अपना कार्य किया। अलिक्सुंदर के सिपाहियों की हिज़्मत टूट गई। मगध नाम सुनते ही उनको जूड़ी चढ़ती थी। बस, एक दिन सबने निश्चय किया कि हम अब आगे नहीं बढ़ेंगे, वरन् अपने घर पर लौट चलेंगे। अलिक्सुंदर ने बहुत कुछ समझाया-बुझाया। मदिरा छोड़ दी, तीन दिन तक भोजन नहीं किया, परंतु कुछ प्रभाव नहीं पड़ा। अंत में हारकर उसने निश्चय किया कि अब घर लौट चलेंगे तथा कुछ दिन रहकर फिर भारत के बचे हुए प्रदेश को जीतेंगे।

आर्य चाणक्य चंद्रगुप्त के प्रयत्नों से अत्यधिक प्रसन्न हुए, अब उन्होंने निश्चय किया कि अलिक्सुंदर को जीवित वापस नहीं जाने देना चाहिए। अतएव वे सिंधु और मकरान के प्रदेशों में गए। वहाँ के गणराज्यों को पहले से ही उसके विरुद्ध उभार दिया। पश्चिमोज़र का मार्ग, जिस ओर से वह भारत में आया था, उन्होंने पहले ही से बंद कर दिया था, क्योंकि वहाँ अश्वकों ने विद्रोह कर रखा था। उस ओर से जाने की अलिक्सुंदर की हिज़्मत नहीं थी। सिंधु और मकरान के मार्ग को भी, वहाँ के निवासियों को इस आक्रमण के विरुद्ध उभारकर उसके लिए और भी कठिन बना दिया।

अलिक्सुंदर ने अपनी सेना के दो भाग किए। एक तो समुद्री मार्ग से नियारकस की अध्यक्षता में तथा दूसरा स्वयं उसके साथ मकरान के रेगिस्तान से होकर गया। मल्लियों ने उसको बड़ा तंग किया। यहाँ तक कि एक तीर उसके वक्ष:स्थल पर इतनी ज़ोर का लगा कि अत्यंत घातक घाव हो गया। जिसके फलस्वरूप वह बेबिलोन जाकर मर गया। पारियात्र पारवर्ती (बलूची) जातियों ने भी उसको बहुत तंग किया। सैकड़ों सिपाही बिना पानी के मर गए, कई बालू में झुलस गए तथा युद्ध में तो अनेक मारे गए। अंत में एक दिन वह कह उठा, "भारतवर्ष में मैं हर जगह भारतवासियों के आक्रमण तथा कोप का भाजन बना। उन्होंने मेरे कंधे को घायल किया। गांधारियों ने मेरे पैर को निशाना बनाया। मल्लियों से युद्ध करते हुए एक तीर की नोक से मेरा वक्ष:स्थल छिद गया और गरदन पर भी गदा का एक तगड़ा

हाथ पड़ा। भारत का आक्रमण मेरे जीवन की सबसे बड़ी भूल है।"

इस प्रकार आर्य चाणक्य और चंद्रगुप्त ने मिलकर अलिक्सुंदर को न केवल भारत से ही निकाला, परंतु निकालते-निकालते भी उसके सैन्य का संहार किया तथा स्वयं उसको मारने का प्रयत्न किया। बेबिलोन जाकर वह मर गया। परंतु उसने अपने सेनापति सेलेउक् से अपनी भारत विजय की अभिलाषा को पूर्ण करने की प्रतिज्ञा करवा ली।

□

# भविष्य की योजना

संध्या समय लाल-लाल सूर्य अस्ताचल की ओर भागा जा रहा था, मानो पश्चिम की ओर पीठ दिख़ाकर भागते हुए शत्रु की पीठ पर लगा हुआ विशाल रक्तव्रण हो। चहकते हुए पक्षी शत्रु के इस प्रयाण पर आनंदगान कर रहे थे। अचानक आए हुए इस बवंडर से एक दिन विपाशा का जलप्रवाह क्षुज़्ध हो उठा था। आज वह भी शांत कलकल ध्वनि से बह रहा था और उसके साथ ही संपूर्ण देश भी एक संतोष की साँस ले रहा था। परंतु विपाशा के तट पर बैठे हुए दो व्यक्तियों के मन में अभी शांति और समाधान नहीं था। उनकी मुखमुद्रा से मालूम होता था कि उनका मस्तिष्क किसी उलझी हुई गुत्थी को सुलझाने में लगा हुआ है।

"अलिक्सुंदर को अंत में अपने प्राणों से हाथ धोने ही पड़े, आर्य!" चंद्रगुप्त ने शांति भंग करते हुए कहा।

"हाँ वत्स! अलिक्सुंदर तो भारत आक्रमण के फल को भुगत चुका। संक्रामक रोग का रोगी ख़ुद तो मर जाता है, पर अपना रोग दुनिया में छोड़ ही जाता है। उसके कीटाणु हवा में फैलकर दूसरों को अपना शिकार बनाते हैं। आज सेलेउक् भी तो भारत विजय क्ऱना चाहता है।"

"विश्व विजय की इच्छा रखने वाले अलिक्सुंदर की जब यहाँ दाल न गली तो सेलेउक् क्या ख़ाकर भारत विजय का विचार करेगा?" चंद्रगुप्त ने मुँह बनाकर कहा, "और सुना है आर्य, कि अलिक्सुंदर के सेनापति सेलेउक् और टालेमी में भी आपस में उसके साम्राज्य के लिए युद्ध हो रहा है।"

"यह सब सत्य है, वत्स! परंतु भारत का कल्याण तो भारत की ही शक्ति से होगा। दूसरों की दुर्बलताओं के सहारे हम कब तक जीवित रहेंगे? भारत में शक्तिशाली साम्राज्य स्थापित करने के अपने ध्येय को क्या तुम इतनी जल्दी भूल गए?" आर्य चाणक्य ने कहा।

"नहीं आर्य! नहीं; इस महान् ध्येय को कैसे भुलाया जा सकता है? हाँ, अलिक्सुंदर को भारत से निकालकर जरा साँस लेने का समय अवश्य मिला है।"

"अभी तो सेर में पूनी भी नहीं कती है, चंद्रगुप्त!" आर्य चाणक्य ने व्याकुलता से कहा, "भारत की इस अजेय शक्ति का उषःकाल तो उस समय होगा, जब तुम मगध के सिंहासन पर आरूढ़ होओगे। असली कार्य तो अभी आगे पड़ा है।"

आर्य चाणक्य और चंद्रगुप्त दोनों ही अपने भावी कार्यक्रम पर विचार करने लगे। पश्चिमोज़र, सिंधु एवं आधुनिक राजस्थान के छोटे-छोटे राज्यों पर चंद्रगुप्त का सिक्का जम चुका था। उन्होंने उसको अपने नेता के रूप में देखा तथा उसी के दृढ नेतृत्व में अलिक्सुंदर को भारत से खदेड़ा था। परंतु एकच्छत्र साम्राज्य निर्माण करने में पर्वतक और नंद दो बड़ी बाधाएँ थीं। भारत में सबसे बड़ा राज्य मगध का ही था, पर पर्वतक का राज्य भी कोई छोटा-मोटा राज्य नहीं था; और फिर अलिक्सुंदर की सहायता से पंचनद के छोटे-छोटे राज्यों को जीतकर पर्वतक ने अपने राज्य को और भी बढ़ा लिया था। राजा नंद विलासी था। उसके जीवन में किसी भी प्रकार की महज़्वाकांक्षा नहीं। परंतु पर्वतक महज़्वाकांक्षी राजा था, उसकी आकांक्षा थी कि वह भारत का सम्राट् बने। चंद्रगुप्त और चाणक्य दोनों ही उसकी इस महज़्वाकांक्षा को जानते थे।

"पर्वतक भारत का सम्राट् बनना चाहता है, जानते हो चंद्रगुप्त?" आर्य चाणक्य ने पूछा।

"हाँ आर्य! जानता हूँ, इसीलिए तो उसने अलिक्सुंदर को पराजित करके भी उससे मैत्री की थी। परंतु अब क्या है, अब तो अलिक्सुंदर इस दुनिया में

नहीं रहा।'' चंद्रगुप्त ने कहा।

''अलिक्सुंदर नहीं रहा तो क्या हुआ, उसका सेनापति सेलेउक् तो है। पर्वतक है भी इतना महज़्वाकांक्षी कि अपनी इस महज़्वाकांक्षा को पूर्ण करने के लिए सेलेउक् से सहायता लेने में संकोच नहीं करेगा। विदेशी को सहायता के लिए बुलाना तो शत्रु को घर का मार्ग दिखाना ही है।''

''तब तो पहले पर्वतक से ही युद्ध किया जाए, आर्य!'' चंद्रगुप्त ने उज़्ेजित होकर कहा।

''नहीं वत्स!'' आर्य चाणक्य मुसकराते हुए बोले, ''पर्वतक से अभी युद्ध करने की आवश्यकता नहीं है। नंद और पर्वतक ये दो काँटे हैं। काँटे को काँटे से ही उखाड़ना बुद्धिमानी का काम है। नंद तो विलासी, आलसी और कायर है। उसमें किसी भी प्रकार की महज़्वाकांक्षा नहीं है। परंतु पर्वतक वीर एवं महज़्वाकांक्षी है। उसको मगध पर आक्रमण करने के लिए उकसाया जाए; वह तैयार हो जाएगा। नंद को वह अवश्य ही पराजित करेगा। परंतु इसके पहले कि वह मगध पर अधिकार जमाए, तुम मगध के रक्षक के रूप में प्रकट होकर पर्वतक से युद्ध करना। उस युद्ध में अथवा अन्य किसी षड्‍यंत्र के द्वारा पर्वतक का वध करना होगा। मगध की जनता तुमको त्राता पाकर अवश्य ही तुज़्हारा अभिषेक करेगी। इसके लिए मैं नंद के विरुद्ध अभी जाकर जन-समाज को उभारकर संगठित करता हूँ और तुम पर्वतक से मिलकर आक्रमण की तैयारी करो।''

''पर्वतक के साथ इस प्रकार विश्वासघात कहाँ तक ठीक होगा, आर्य! मेरे स्थान पर उसी को भारत सम्राट् बनने दीजिए। एकछत्र साम्राज्य ही तो चाहिए। सम्राट् फिर कोई भी क्यों न हो।''

''चंद्रगुप्त तुम भूल रहे हो। तुज़्हारा व्यक्तित्व अभी मिटा नहीं है। तुम अपने लिए नहीं, भारत के लिए सम्राट् बनोगे। चंद्रगुप्त सम्राट् नहीं होगा, परंतु भारत सम्राट् चंद्रगुप्त होगा। पर्वतक जैसा स्वार्थी तथा महज़्वाकांक्षी, फिर वह कितना ही वीर क्यों न हो, सम्राट् बनने के योग्य नहीं है। भारत का सम्राट् तो निस्स्वार्थ वृज़्ति से संयम एवं दृढतापूर्वक जनता की सेवा करने वाला व्यक्ति

चाहिए। भगवान् ने तुमको ये गुण दिए हैं, पर तुम भूल से उन्हें अपना समझ बैठे हो। वे देश के हैं, और देश का अधिकार है कि तुम उनका उचित उपयोग करो। तुम सम्राट् बनने, न बनने वाले कौन होते हो? आज देश को आवश्यकता है तो तुम उसकी पूर्ति के लिए सम्राट् बनोगे, कल आवश्यकता होगी तो उसी के लिए तुम्हें भिक्षुक भी बनना पड़ेगा।"

आर्य चाणक्य बोलते-बोलते आवेश में आ गए। चंद्रगुप्त एकदम सहम गया। वह धीरे से क्षमा-याचना करता हुआ बोला, "क्षमा कीजिए आर्य! मैंने देश के सामने अपने स्वार्थों को कोई महत्त्व नहीं दिया है। पर हाँ, सर्वांगपूर्ण देशभक्ति की कल्पना अभी तक मेरे सम्मुख नहीं आई थी। आज अवश्य ही मैंने एक नया पाठ पढ़ा है।"

"हाँ वत्स! इस पुण्यभूमि भारत के लिए एक पर्वतक नहीं, कितने ही पर्वतकों की बलि देनी होगी। अच्छा, उठो, सबसे पूर्व तो जाकर वाहिकों को जगाओ। अलिक्सुंदर के राज्य में भारत का यह भाग अभी तक है। विद्रोह का यह उपयुक्त समय है। उनकी तथा अन्य छोटे-छोटे राज्यों की सेना को संगठित करके पर्वतक के साथ नंद पर आक्रमण की तैयारी करो।"

□

# अभिषेक की तैयारी

आर्य चाणक्य ने चंद्रगुप्त को विदा कर मगध की ओर प्रस्थान किया। आज से छह वर्ष पूर्व भी वे वहाँ भारत से अलिक्सुंदर को निकालने के लिए मगधराज नंद को उसके कर्तव्य का ज्ञान कराने एवं उससे सहायता की याचना करने गए थे, और आज जा रहे थे, भविष्य में कोई अलिक्सुंदर भारत की ओर मुख भी न कर सके, इसीलिए मगध में एक शक्तिशाली साम्राज्य के निर्माण हेतु नंद वंश को नष्ट करने। आज वे याचक बनकर नहीं, संहारक बनकर जा रहे थे, पर याचना और संहार दोनों ही के पीछे था साज़्विक देश-प्रेम। रात्रि के निबिड़ अंधकार में आर्य चाणक्य ने वेष बदले चुपके से कुसुमपुर में प्रवेश किया। राजा नंद बेखबर अपने राजमहल में पड़ा हुआ था। सर्वनाश इसी प्रकार वेष बदलकर चुपचाप प्रवेश करता है।

कुसुमपुर में उनका निवास नंद राज्य के लिए घुन का काम करता था। उनका एक-एक क्षण उसके राज्य की जड़ें खोखली बनाने में व्यतीत होता था। नंद की सज़ा उनको असह्य हो गई थी। राज्य में आकर नंद के दुराचारों का प्रत्यक्ष ज्ञान होने के कारण उनको और भी तीव्र वेदना होती थी। ज्यों-ज्यों यह वेदना तीव्र होती, त्यों-त्यों वे अपने कार्य की गति को भी तीव्र करते। जनता में फैली हुई नंद विरोधी भावनाओं का उन्होंने पूर्ण लाभ उठाया। मंत्री राक्षस तथा सेनापति भागुरायण के मनमुटाव को अधिक उज़्जेजित करके भागुरायण को अपनी ओर मिला लिया। सामंत शकटार,

जिसके कि छह पुत्रों का राजा नंद ने वध करवा दिया था, वह भी इनकी ओर आ मिला।

कुसुमपुर में आर्य चाणक्य सब तैयारी कर चुके थे। चंद्रगुप्त को आक्रमण के लिए कब बुलाया जाए, इसी विचार में बैठे हुए थे कि चंद्रगुप्त का दूत भी आ पहुँचा। वह अभिवादन करके एक ओर खड़ा हो गया। आर्य चाणक्य ने कुशलक्षेम के उपरांत समाचार पूछे। दूत बोला, "आर्य वाहिक गण आज स्वतंत्र हैं। महाराज चंद्रगुप्त ने उनको स्वातंत्र्य संदेश सुनाया, उन्होंने उनमें नवजीवन का संचार कर दिया। उनकी विद्रोहाग्नि भभक उठी और उसमें उनकी दासता तथा यूनानी क्षत्रप दोनों ही भस्मीभूत हो गए। अब महाराज ही उनके अधिपति हैं।"

"यह तो ठीक ही हुआ दूत; पर शेष राज्यों का क्या हाल है?"

"आर्य! महाराज ने कुलूत के चित्रवर्मा, मलय के सिंहनाद, कश्मीर के पुष्कराक्ष, सिंधु के सिंधुसेन तथा अन्य छोटे-छोटे गणराज्यों को अपनी ओर मिला लिया है। वे सब अपनी सेना लेकर महाराज चंद्रगुप्त की आज्ञा पर कूच करने को तैयार हैं।"

"और पर्वतक से भी कुछ बातचीत हुई है या नहीं?"

"हाँ आर्य! मगध के आक्रमण के प्रत्यक्ष नेता तो वे ही हैं। भारत के भावी सम्राट् बनने की लालसा से वे भी दलबल सहित आ रहे हैं। आक्रमण के लिए कौन सा समय उपयुक्त होगा तथा आपका आदेश क्या है, इसीलिए मुझे यहाँ भेजा है।"

आर्य चाणक्य यह सुनकर फिर विचारों में लीन हो गए। कौन सा दिन इसके लिए उपयुक्त होगा? यही था, उनके सामने मुज़्य प्रश्न।

एकाएक जयघोष की तुमुल ध्वनि से उनकी शांति भंग हुई। दूत को उन्होंने जयघोष का कारण जानने के लिए भेजा। थोड़ी देर में दूत ने बताया कि अगले मास में इसी तिथि को राजकुमार सुमाल्य के यौवराज्याभिषेक की घोषणा की जा रही है। आर्य चाणक्य की आँखों में एकदम चमक आ गई।

क्रूर मुसकान उनके होंठों पर खेलने लगी। फिर दृढता के साथ बोले, ''दूत! अभिषेक की घोषणा हो चुकी है। अभिषेक होना ही चाहिए, जाओ। चंद्रगुप्त से कहो कि अभियान का यही दिन उपयुक्त है। कुसुमपुर पहुँचने तक अपनी सेना की गतिविधि का पता न लगने पाए।''

अभिवादन करके दूत चला गया। आर्य चाणक्य भी अभिषेक की तैयारी में जुट गए।

□

# सम्राट् चंद्रगुप्त की जय

मगध के राजभवन में आज चहल-पहल मची हुई है। परिचारक एवं परिचारिकाएँ इधर से उधर दौड़-धूप कर रहे हैं। राजमहिषी स्वयं आज बड़ी व्यस्त हैं। राजमहल की सब सजावट अपनी ही देखरेख में करवा रही हैं। कभी इस बेलि को यहाँ से हटवाकर वहाँ लगवाती हैं तो कभी चित्रों को इधर से उधर हटाती हैं। यौवराज्याभिषेक के पश्चात् राजमहिषी के पास आशीर्वाद के लिए आने को राजकुमार सुमाल्य के लिए प्रवेश-द्वार विशेष रूप से बनाया गया है। राजमहिषी ने विज्ञ कलाकार की भाँति उनका सुरुचिपूर्ण निर्माण करवाया है। महाराज नंद के लिए आज विशेष सुरा ढाली गई है। राज्य भर की नर्तकियाँ आज कुसुमपुर में एकत्र हैं। प्रत्येक के लिए अपनी-अपनी रुचि के वस्त्राभूषण दिए गए हैं। उनसे अपेक्षा है कि अपनी नृत्यकला का अनूठा प्रदर्शन करके आज महाराज, राजकुमार तथा दरबारियों के चित्त को लुभाकर मनमाना पुरस्कार पाएँ।

यह साज-सजावट राजमहल तक ही सीमित नहीं है, बल्कि आज पूरा कुसुमपुर सजाया जा रहा है। जनता के हाथ-पैर तो सजावट में लगे हैं, परंतु उसका हृदय उसमें नहीं है। वह तो हृदय में अत्याचार की वेदना लिए हुए अंतस्तल में विद्रोहाग्नि की चिनगारी को उत्तप्त श्वास से प्रज्वलित करते हुए मुख पर हास्य एवं प्रसन्नता का दिखावा कर रही है। वह दीप-प्रकाश की तैयारी अभिषेक का आनंद प्रकट करने के लिए नहीं कर रही, पर इसलिए कि एक दीप से दूसरा दीप जलकर प्रलयंकारी ज्वाला प्रकट हो, जिसमें

समस्त नंद वंश भस्मीभूत हो जाए।

चारों ओर की इस चहल-पहल में आर्य चाणक्य भी सम्मिलित हैं। परंतु वे दूसरे ही अभिषेक की तैयारी में हैं। वे तो क्रांति के अग्रदूत की भाँति व्यस्त हैं। अपने दूतों को उन्होंने चारों ओर लगा रखा है। सेनापति भागुरायण को, जिन्हें उन्होंने अपनी ओर फोड़ लिया था, आज सचेत कर दिया गया है। सेना को आज्ञा मिल चुकी है कि सेनापति के सिवाय और किसी की भी आज्ञा पालन न करें। सुमाल्य की विमाताएँ भी आज उसके प्राणों की गाहक हैं। कौटिल्य की कूटनीति ने मगध राज्य को चारों ओर से जकड़ रखा है।

महारानी तथा राजकुमार सुमाल्य बड़ी उत्सुकता से राजतिलक की घड़ी की बाट जोह रहे थे। काम में लगे हुए मनुष्य का समय घोड़े की चाल से दौड़ता है, परंतु आज एक क्षण का अवकाश न रहने पर भी इन दोनों का समय बहुत धीरे-धीरे रेंगता सा जा रहा था। सुमाल्य भविष्य के सुनहले स्वप्नों के झूलों में झूल रहा था, यदि कहीं उसे अपने भविष्य का सच्चा ज्ञान होता तो? परमात्मा ने भविष्य इसीलिए अंधकार में रखा है, ताकि वर्तमान के क्षणिक सुख में उस सुख का आनंद लूटने से अथवा वर्तमान के क्षणिक दुःख में अपनी शक्तियों का उपयोग करने से मनुष्य वंचित न रह जाए। जैसे-तैसे वह घड़ी उपस्थित हुई, राजमहल से महाराज, युवराज, अमात्य तथा समस्त सभासदों की सवारी चल दी। बंदीगण जयगान करते जाते थे। जयघोष से गगन-मंडल गूँज उठा।

एकाएक अमात्य राक्षस को दूसरा ही जयघोष सुनाई पड़ा, उनके कान अनिष्ट की आशंका से खड़े हो गए। सेनापति ने कहा कि महाराज के जयघोष की सुदूर हिमाचल से टकराकर लौटने वाली प्रतिध्वनि होगी। परंतु यह तो विलासी नंद के अत्याचारों से क्षुब्ध प्रजा की आहों की प्रतिध्वनि थी, जिसकी गूँज विनाशकारी तूफान की भाँति प्रतिक्षण बढ़ती ही जाती थी। अमात्य 'राक्षस' को संतोष नहीं हुआ। उसके हृदय में व्याकुलता थी। उसके कान आस-पास के तुमुलनाद को न सुनकर दूर के ही जयघोष को सुन रहे थे। इतने में ही दूत दौड़ता हुआ आया। माथा ठोंककर अमात्य राक्षस के

सज़्मुख खड़ा हो गया। अमात्य राक्षस ने व्याकुलता के साथ कुछ क्रुद्ध होकर पूछा, "बोलो दूत, क्या है? यह अपशकुन कैसा? बोलो, शीघ्र बोलो!"

"प्रलय हो गया, अमात्यवर! कुसुमपुर को शत्रुओं ने घेर लिया, यदि शीघ्र ही उनको न रोका गया तो राजमहल तक पहुँच जाएँगे!" अमात्य राक्षस को एकदम धक्का लगा। उनकी शंका निर्मूल न रही। परंतु उन्होंने अपने को सँभाला। सवारी को एकदम रोक देने की आज्ञा दी गई। महाराज नंद कुछ समझ न पाए। अमात्य राक्षस ने जाकर कहा, "महाराज! अभिषेक किसी अन्य दिन कीजिएगा। आज तो रण करना होगा। शत्रुओं ने नगर को घेर लिया है।"

कायरता का पुतला नंद एक बार काँप गया। परंतु दूसरे ही क्षण बोला, "अमात्य! हमारे शत्रु तो हमको सताते ही हैं, परंतु तुम भी रंग में भंग कर देते हो। आज अभिषेक का दिन है। राज्य के कोने-कोने से नर्तकियाँ आई हैं और तुम कहते हो, रण को चलो। जाओ, तुम और सेनापति, सेना लेकर रण करो। तुम लोगों को और सेना को इसलिए तो वेतन मिलता है। तुम अपना काम करो और हमको अपना काम करने दो। सवारी को आगे बढ़ने दो।"

अमात्य क्रोध से दाँत पीसकर रह गया। उसको विश्वास हो गया कि सर्वनाश निश्चित ही है। जैसे ही उन्होंने अपने घोड़े की बाग मोड़ी कि भीड़ में से एक चमचमाती हुई कटार आती हुई दिखी। विद्युत् के प्रकाश की भाँति उसका प्रकाश भी आकाश में खेल गया तथा दूसरे ही क्षण वह नंद के वक्षस्थल पर खून से सनी हुई ग्रहण के चंद्र की भाँति चमक उठी। नंद एक क्षण चीत्कार करके इस लोक को छोड़ गया।

चारों ओर कोलाहल मच गया। राजकर्मचारीगण घबरा गए। उनको समझ में नहीं आता था कि क्या किया जाए। वे नंद की लाश उठाकर राजमहल की ओर भागने लगे। एकाएक 'महाराज चंद्रगुप्त की जय' से आकाश-मंडल गूँज उठा। अमात्य राक्षस समझ गए कि इस विद्रोह का नेता चंद्रगुप्त ही है। आज से पाँच वर्ष पूर्व का दृश्य उनकी आँखों के सामने इस अशांत वातावरण में भी एक साथ उपस्थित हो गया। उन्होंने सेनापति को

पुकारा। परंतु सेनापति वहाँ नहीं थे। वे सीधे सेनास्थल पर पहुँचे तथा रणभेरी बजाने की आज्ञा दी। उनके आश्चर्य का ठिकाना न रहा, जबकि उनकी आज्ञा की अवहेलना की गई।

"सेना तो सेनापति की ही आज्ञा मानती है, अमात्यवर!" एक सैनिक ने अभिवादन करके नम्रतापूर्वक कहा।

"यदि सेनापति अनुपस्थित हो तो उच्च अधिकारियों की आज्ञा मानना तुज़्हारा कर्तव्य है, सैनिक!" अमात्य ने कुछ रोष तथा प्रार्थना मिश्रित स्वर में कहा। परंतु उनका तर्क निष्फल रहा। सैनिक निश्चेष्ट खड़े रहे।

राक्षस समझ गए कि सेना उनका साथ नहीं देगी! उनकी आँखों के सामने अंधकार छा गया। परंतु भीषण अंधकार में भी हाथ पर हाथ रखकर वे बैठने वाले नहीं थे। राजमहल के रक्षक आदि थोड़ा-बहुत सैन्य एकत्र करके सुमाल्य की अध्यक्षता में उन्होंने पर्वतक का सामना किया, परंतु उनकी थोड़ी सी सेना पर्वतक एवं चंद्रगुप्त की विशाल सेना के सामने कहाँ टिक सकती थी? प्रचंड ज्योति-पुंज को बुझाने की इच्छा रखने वाले पतिंगों की भाँति वह भी नष्ट हो गई। सुमाल्य युद्ध में मारा गया।

पर्वतक मगध का सम्राट् बनने की इच्छा से आया था, परंतु जब विजय के बाद उसने चंद्रगुप्त का जयघोष सुना तो वह आश्चर्यचकित रह गया। उसके सहकारी सिंधु, मलय, काश्मीर, कुलूत, बाह्लीक, अश्वक, क्षुद्रक, मालव, कंबोज, गांधार, सबके सब चंद्रगुप्त के साथ थे। और उससे भी बढ़कर मगध की सेना तथा जनता चंद्रगुप्त का स्वागत कर रही थी। राजा नहुष की भाँति पर्वतक स्वर्ग से ढकेला जा रहा था। वह अपना सहायक खोजने लगा, जो उसको फिर स्वर्ग के सिंहासन पर बैठाए। उसे अपने पुराने मित्र अलिक्सुंदर की याद आई। इस तरह अपनी बाजी जाती देखकर पर्वतक ने अंत में देश को ही दाँव पर लगा दिया। स्वार्थी व्यक्ति स्वार्थ-सिद्धि के लिए देश तक को बेचने को तैयार रहता है। यही पर्वतक ने किया। उसने सेलेउक् को भारत पर आक्रमण करने के लिए बुलाया। परंतु उसके विपक्षी खिलाड़ी चाणक्य और चंद्रगुप्त थे। उनसे बाजी जीतना आसान नहीं था।

आचार्य चाणक्य को ज्ञात हो गया कि पर्वतक ने अपना दूत सेलेउक् के पास सहायता के लिए भेजा है। पर्वतक को मार्ग से वैसे ही हटाना था, अब तो वह देशद्रोही था। उसको दूर करने में विलंब करना भी पाप था। पर्वतक वीर होते हुए भी विलासी है, यह आर्य चाणक्य को विदित था। उसकी यह दुर्बलता उसकी मृत्यु का कारण बनी। एक दिन आर्य चाणक्य ने एक सुंदर विषकन्या उसके पास भेजी। दूसरे दिन जब पर्वतक के शिविर से उसकी अरथी निकली तो दुनिया ने जाना कि पर्वतक भी उसी लोक को गया, जहाँ सब को जाना है।

समस्त उज़र भारत के राजा अथवा गणराज्यों के अधिकारी मगध में उपस्थित थे। बड़े समारोह के साथ चंद्रगुप्त का अभिषेक हुआ। 'महाराज चंद्रगुप्त की जय' समस्त उज़रापथ में गूँज गई। परंतु यह तो भारत के भाग्योदय का उषःकाल था। पश्चिम की ओर भागता हुआ अंधकार इस बालरवि को ग्रसने का अभी भी निष्फल प्रयास कर रहा था।

□

# सेल्युकस का दुस्साहस

पर्वतक अपने देशद्रोह का फल पा चुका, परंतु उसका तीर तो छूट ही चुका था। छूटा हुआ तीर वापस नहीं आता। सेलेउक् को भारत के इस कुपूत का संदेश मिला। वह तो स्वयं ही भारत विजय की तैयारी में था। बिना भारत विजय किए उसको 'निकेतौर' (विजयी) की उपाधि धारण करना खटकता था। नियति भी उसकी इस उपाधि पर तथा इस उपाधि के धारण करने की इच्छा पर छिपे-छिपे मुसकरा रही थी।

"क्या महाराज पर्वतक ने गांधार प्रदेश का मार्ग यूनानी सेना के लिए सुरक्षित कर दिया है?" सेलेउक् ने पर्वतक के दूत से पूछा। अश्वकों के भीषण युद्ध की याद करके उसकी देह से पसीना छूटने लगा। उनसे फिर युद्ध करने की उसकी हिम्मत नहीं थी।

"सुरक्षित करने का प्रश्न ही कहाँ है, महाराज! उज़र भारत के समस्त राजा एवं अधिपतिगण तो मगध की राजधानी में अपनी-अपनी सेना लिए पड़े हैं। सीमांत से लेकर मगध तक भारत अनाथ जैसा है, वरन् मगध में चंद्रगुप्त से जरा लड़ना होगा।"

"चंद्रगुप्त से?" सेलेउक् ने एकदम चौंककर कहा। दूसरे ही क्षण सेलेउक् ने गहरी साँस लेकर कहा, "चंद्रगुप्त तो बहुत बेढ़ब व्यक्ति है। उसके कारण तो सम्राट् अलिक्सुंदर को भारत छोड़ना पड़ा था।"

दूत ने सेलेउक् की हिम्मत बढ़ाने की गरज से कहा, "नंदवंश को उखाड़कर चंद्रगुप्त ने अपने साम्राज्य का बीज अभी बोया ही है। चाणक्य

यद्यपि प्रयत्न कर रहा है कि यह बीज शीघ्र ही विशाल वटवृक्ष का रूप धारण कर ले, परंतु महाराज! मगध में अभी भी ऐसे व्यक्ति हैं, जो इस बीज को जमने नहीं देना चाहते। आपका आक्रमण तो अवश्य ही उज़र-शीतवायु के साथ आने वाली हिम-वर्षा के समान होगा।''

''ऐसे कौन लोग हैं दूत, जो चंद्रगुप्त का विरोध कर रहे हैं ?'' सेलेउक् ने बड़ी उत्सुकता से पूछा।

''नंदवंश के प्रति भक्ति रखने वालों की कमी नहीं है, महाराज। नंद का अमात्य राक्षस ही है जो कि नंदवंश के अभिशाप इस चंद्रगुप्त को फूटी आँखों भी नहीं देख सकता।''

''क्या महाराज पर्वतक ने उससे बातचीत नहीं की, दूत!''

''अवश्य की थी महाराज! परंतु राक्षस इस बात से सहमत नहीं था कि मगध को चंद्रगुप्त के पंजे से छुड़ाकर महाराज पर्वतक मगध की गद्दी पर बैठें। वह तो नंदवंश की अंतिम ज्योति मगधराज धनानंद के चाचा सर्वार्थसिद्धि को गद्दी पर बिठाना चाहता था।''

सेलेउक् ने मन-ही-मन कहा, 'मैं भी कब चाहता हूँ कि पर्वतक मगध की गद्दी पर बैठे, और न बैठने ही दूँगा। क्या यूनान में शासकों की कमी है, जो एक भारतीय भारत का राजा हो ?' परंतु प्रत्यक्ष बोला, ''तब तो अमात्य राक्षस की सहायता मिलनी कठिन है।''

''नहीं महाराज! मुझे भारत छोड़ने के पूर्व ही ज्ञात हो गया था कि सर्वार्थसिद्धि का वध करवा दिया गया है और फिर जब राक्षस को मालूम होगा कि आप भी महाराज पर्वतक की पीठ पर हैं, तब उसे अवश्य ही हम लोगों की विजय का विश्वास हो जाएगा तथा हमारी ओर आने में ही अपना भला समझेगा। आप अपना दूत तो भेजिए।''

सेलेउक् ने स्वीकारोक्ति में केवल अपनी गरदन हिलाई। भारत आक्रमण का उसने निश्चय कर लिया। दूत को विश्राम के लिए भेजकर अपने सेनापति एवं अन्य अधिकारियों को तुरंत ही मंत्रणा के लिए बुलवाया। घंटों तक मंत्रणा चलती रही। अलिक्सुंदर पर कैसी बीती थी, यह वे सब जानते थे।

भारत पर पुन: आक्रमण किया जाए, इसकी हिज़्मत नहीं होती थी।

"यदि इस बार भी पराजय हुई तो परिणाम बड़ा भीषण होगा, निकेतौर।" एक अनुभवी सेनापति ने कहा।

"पराजय और निकेतौर दोनों साथ नहीं चल सकते सेनापति! निकेतौर पराजय नहीं जानता। भारत की इस अस्त-व्यस्त दशा में तथा महाराज पर्वतक जैसा सहायक प्राप्त होने पर भी भारत विजय न हो सका तो फिर कभी नहीं हो सकेगा।"

सेलेउक् ने अपने समस्त सेनापतियों को उत्साहित किया। भारत से कितना अपार धन मिलेगा, इसको ख़ूब ही समझाया। सेनापतियों के मुँह में पानी भर आया। बस युद्ध की घोषणा कर दी गई। सब सेना सुसज्जित होने लगी। शिरस्त्राण, खड्ग एवं शूल फिर एक बार सूर्य किरणों में चमचमा उठे।

सेना ने भारत की ओर कूच कर दिया। राक्षस के पास दूत तो पहले ही भेजा जा चुका था। सब सोचते थे कि अमात्य राक्षस और महाराज पर्वतक भारत में उनका स्वागत करने को तैयार होंगे, परंतु अंदर-ही-अंदर उनसे भी अधिक प्रबल शक्ति कार्य कर रही थी।

□

# सशक्त भारत

सिंधु का शांत प्रवाह आज विक्षुज़्ध हो उठा है। मगध की सेना उसके बाएँ तट पर डेरा डाले पड़ी है। घोड़ों की हिनहिनाहट तथा हाथियों की चिग्घाड़ ने एकबारगी फिर तपोवन के तपस्वियों की शांति को भंग कर दिया है। सेना का एक विभाग तो आठ दिन पूर्व ही यहाँ आ गया था, दूसरा आज ही मगध से आया है। उसके समस्त कर्मचारीगण अपने-अपने शिविर के आयोजन में लगे हुए हैं।

''शत्रु को इस बार ऐसा कीलना होगा कि फिर सिर उठाने का नाम ही न ले।'' एक सैनिक ने कहा और पटकुटी की मेख पर ज़ोर से हथौड़ा मारा।

''अलिक्सुंदर की इतनी दुर्गति हुई, फिर भी ये यवन भारत विजय की कल्पना करते हैं काका, कितने धृष्ट हैं!'' पास ही पटकुटी का रस्सा पकड़े हुए एक युवक ने अधेड़ उम्र सैनिक से कहा।

''इसमें शत्रु की धृष्टता या हिज़्मत का क्या प्रश्न है, हेमनाथ? यह तो हमारा ही दोष है। हमारी अराष्ट्रीय प्रवृज़ियाँ ही हमारे घर में घुसने को उकसाती हैं। परंतु अब भारतवर्ष अलिक्सुंदर के समय से अधिक संगठित एवं शक्तिशाली है। महाराज पर्वतक पुरुराज्य की रक्षा के लिए अलिक्सुंदर से लड़े थे, परंतु आज तो हम भारत की रक्षा के लिए लड़ने आए हैं। कितना अंतर है तब में और अब में!''

''काका! तुम भी लड़े थे यवनों से?'' हेमनाथ ने पूछा।

"मुझे वह सौभाग्य कहाँ मिल सका।" अरुणाभ ने ठंडी साँस लेते हुए कहा, "जब मैंने सुना कि अलिक्सुंदर ने भारत पर आक्रमण किया है तो मेरी भुजाएँ फड़कने लगी थीं, रक्त में उबाल आया, परंतु महाराज नंद की कायरता ने हमारे खड्ग को म्यान से न निकलने दिया, हमारा तीर तूणीर ही में रह गया। और भी हेमनाथ! तब हममें बहुत थोड़े ही मगध के आगे देख सकते थे। हरिशील से ही पूछो, (एक सैनिक की ओर इशारा करते हुए) इसने उस समय क्या उज़्र दिया था।"

"पिछली बातों की याद दिलाकर क्यों लज्जित करते हो, भाई!" हरिशील बोला, "आज तो मैं समस्त भारत को अपना समझता हूँ। आज दुगुने शत्रुओं का संहार करके अपना ऋण चुकाऊँगा। अमात्य राक्षस ही जब नंदवंश और मगध के आगे नहीं सोच सकते थे, तो फिर हमारी क्या बात है?" कुछ संतोष मानते हुए हरिशील ने कहा।

अरुणाभ बोला, "आज तो अमात्य राक्षस की राष्ट्रीयता की प्रशंसा ही करनी होगी। पहले तो वे महाराज चंद्रगुप्त का विरोध ही करते रहे, परंतु जब सेलेउक् का दूत उनके पास देशद्रोह का संदेश लेकर आया तो इस राष्ट्रीय आपज्ति के समय उन्होंने महाराज का साथ देना ही ठीक समझा। ज्ञात है, उन्होंने सेलेउक् के दूत से क्या कहा? उन्होंने कहा था, 'दूत जाओ, सेलेउक् से कह देना, पर्वतक भारत का अंतिम देशद्रोही था और वह वहाँ पहुँच चुका है, जहाँ प्रत्येक देशद्रोही अपने पाप का प्रायश्चिज़ करता है। आकाशकुसुम की भाँति भारत में देशद्रोही ढूँढ़ने का प्रयत्न न करना'।"

"यही कारण है कि आज भारत इतना सशक्त है।" रामवीर बोला, "संपज्ति में देश का साथ न देने वाला क्षमा किया जा सकता है, परंतु विपज्ति में शत्रु के साथ मिलकर देशद्रोह करने वाला तो दूर रहा, देश का साथ न देकर चुप बैठने वाला भी क्षमा नहीं किया जा सकता।" इसीलिए तो अमात्य राक्षस ने फिर मंत्रिपद ग्रहण कर लिया है। सेलेउक् का आक्रमण तो हमारे लिए वरदान-स्वरूप है। इसने हम सबको कितना निकट ला दिया। आज संपूर्ण भारत एक आवाज़ से बोलता है और एक इशारे पर काम करता

है। इस एकता में कितनी शक्ति है, यह सेलेउक् को भी मालूम हो जाएगा।'' कहते-कहते हरिशील जोश में आकर खड़ा हो गया। इतने में भेरी बजी मानो हरिशील ने जिस एकता का वर्णन किया था, उसे वह प्रत्यक्ष दिखाना चाहती हो।

□

# शब्दवेधी बाण

सिंधु के तट पर सैनिकों को अधिक बाट नहीं जोहनी पड़ी। दो ही दिन बाद गुप्तचर ने समाचार दिए कि सेलेउक् अपनी विशाल सेना लेकर मगध पर आक्रमण करने की तैयारी से कुछ ही दूर डेरा डाले पड़ा है। चंद्रगुप्त ने यही उचित समझा कि युद्ध सिंधु के तट पर किया जाए। अलिक्सुंदर यदि वितस्ता के तट पर हारा था तो सेलेउक् को उससे भी उज़र-सिंधु के ही तट पर पराजित किया जाए।

सेलेउक् ने दूसरे दिन सिंधु के दूसरे तट पर चंद्रगुप्त की सेना देखी तो उसकी समस्त आशाओं पर पानी फिर गया और उसके मन के लड्डू चूर हो गए। सोच रहा था कि वह पाटलिपुत्र तक बे रोक-टोक चला जाएगा, परंतु यह तो सिर मुड़ाते ही ओले पड़े। भारत के अंदर झाँकते ही मुँह पर तमाचा पड़ने की आशंका हो गई। फिर भी उसने धैर्य नहीं छोड़ा। उसकी सेना में कानाफूसी होने लगी। सैनिक गण कहने लगे कि उनको धोखा दिया गया है। उन्हें तो बताया गया था कि मगध तक वे निर्द्वंद्व लूटते-पाटते चले जाएँगे और वहाँ चंद्रगुप्त से, जोकि स्वयं अभी अस्थिर है, युद्ध करना पड़ेगा। परंतु यहाँ तो लूट दूर रही, प्रथम ही युद्ध पाले पड़ा।

सेलेउक् ने सैनिकों को बताया, ''हमारे लिए आज बड़े सौभाग्य का विषय है। महाराज अलिक्सुंदर जब भारत में आए थे, तब उनको अनेक युद्ध करने पड़े थे। प्रत्येक राजा से, प्रत्येक गण के अधिपति से उनका युद्ध हुआ था। एक-एक चप्पा भूमि के लिए मनों रक्त बहाना पड़ा था। परंतु आज तो

हमारे सामने केवल एक ही युद्ध है। सामने पड़ी हुई छोटी सी सेना को जहाँ हमने धराशायी किया कि दूसरे ही क्षण समस्त भारत हमारे चरणों पर लोटता हुआ दिखाई देगा। फिर युग-युगों तक इसकी अपार धनराशि से हम अपने कोष भरेंगे। बस एक बार दृढता से आक्रमण करने की आवश्यकता है। सिंधु के उस पार हमारा शिकार पड़ा हुआ है। सैनिकों, वहीं देवाधिदेव ज्यूस के सज़्मानार्थ गो-बलि का आयोजन होगा।''

'यवनपति की जय!' 'निकेतौर की जय!' से सिंधु का पश्चिमी आकाश गूँज उठा। पूर्वी तट पर इस गूँज की एक क्षीण ध्वनि सुनाई दी। वर्षाकाल की पूर्वी हवाएँ भी तो भारत के इस शत्रु को पश्चिम की ओर खदेड़ रही थीं। इस जयघोष को वे इस तट पर कैसे आने देतीं। प्रकृति भी वीरों की सहायता करती है।

सेलेउक् ने उसी प्रकार चालाकी से रात्रि के अंधकार में सिंधु पार करने का प्रयत्न किया, जिस प्रकार अलिक्सुंदर ने वितस्ता को पार किया था। परंतु पूर्व अनुभव से सीख न लेने वाले मूर्ख लोग भारत में नहीं रहते थे। चंद्रगुप्त केवल वीर एवं शूर ही न था अपितु वह एक कुशल सेनापति भी था, जो कि युद्ध विद्या की निपुणता के कारण रण के समस्त दाँव-पेंच भी जानता था। उसने अपनी सेना का एक विभाग नदी के ऊपर तथा दूसरा नीचे नदी पार करके सेलेउक् की सेना के पार्श्व पर आक्रमण करने को भेज दिया। कुछ चुने हुए धनुर्धारियों को नदी के उज़र में झाड़ियों के पीछे बिठा दिया। यहाँ नदी के बीच में एक द्वीप था। इसी स्थान पर सेलेउक् ने नदी पार करने की योजना बनाई थी।

अंधकार में हाथ को हाथ नहीं दिखाई देता था। सेलेउक् की सेना की एक टुकड़ी दबे पाँव उक्त स्थान की ओर बढ़ती जाती थी। किनारे पर नावों का बेड़ा तैयार था। सैनिक एक-एक करके नाव पर बैठे। डाँड़ की छप-छप रात्रि की शांति को भंग करने लगी। एक-एक करके नावें द्वीप के किनारे आ लगीं। सैनिकगण उतरे। उनकी एक मंजिल तय हो गई। अपनी सफलता पर विश्वास हो गया। 'हिंदू बड़े भोले होते हैं, वे केवल आमने-सामने ही लड़ना

जानते हैं।' एक सैनिक ने मन-ही-मन कहा। द्वीप से फिर बाएँ तट की ओर नावें चलने लगीं। जैसे ही माँझी ने डाँड़ का हाथ मारा कि एक सनसनाता हुआ तीर आया और नाविक के वक्षस्थल को बेधता हुआ पार निकल गया। नाविक पानी में गिर गया। नदी में आवाज़ हुई। इससे पूर्व कि सैनिक गण कुछ भी समझ पाते, सनसनाते हुए सहस्रों तीरों से बिद्ध होकर वे एक-एक करके गिरने लगे। यवन सेना में हाहाकार मच गया। अंधकार के कारण वे यह भी न जान सके कि यह बाण-वर्षा कहाँ से और कौन कर रहा है। एक सैनिक ने अपने धनुष पर बाण चढ़ाया। पास ही सैनिक बोल उठा, "उधर निशाना लगाओ।" बस दूसरे ही क्षण दोनों ही सैनिक चीख मारकर गिर पड़े। चंद्रगुप्त के सैनिक शब्दवेधी बाण चला रहे थे। अंधकार में भी वे अपना लक्ष्यवेध करने की योग्यता रखते थे। सिंधु का जल लाल हो रहा था।

यवन सेना को वापस लौटने की आज्ञा हुई। छाती के स्थान पर पीठ पर वार सहने का निश्चय हुआ। किनारे पर पहुँचे न पहुँचे कि सामने से भी आक्रमण हुआ। चंद्रगुप्त की सेना नदी पार कर चुकी थी। सेलेउक् घबरा गया। उसने अपनी बची हुई सेना को बुलाने के लिए दूत भेजा, परंतु वह अभी नदी के नीचे की ओर से पार करने वाली चंद्रगुप्त की सेना की टुकड़ी के आक्रमणों से व्यस्त थी। यवन सैनिकों पर चारों ओर से मार पड़ने लगी। उनमें त्राहि-त्राहि मच गई।

अरुणोदय के समय पूर्व और पश्चिम दोनों ओर ही रक्ताभा दृष्टिगोचर होती थी। पश्चिम में यवनों के रक्त से धरा लाल थी तो पूर्व में क्षितिज के मुख पर भारत के सपूतों की वीरता के कारण प्रसन्नता की लाली थी। दिन निकलते आधे से अधिक यवन समाप्त हो चुके थे। दिन भर और युद्ध चला, परंतु यवनों के पाँव उखड़ चुके थे। सेलेउक् के प्रयत्न उनको न रोक पाए। अंत में उसने संधि की प्रार्थना करने में ही अपनी कुशल समझी।

दोनों ओर से युद्ध रोक दिया गया। संधि की शर्तें तय होने लगीं। सच में तो शर्तें तय करने का कोई प्रश्न ही नहीं था। चंद्रगुप्त विजयी था। वह जो कुछ भी कहता, सेलेउक् को मानना ही पड़ता। परंतु भारत ने अपनी

सफलता एवं शक्ति का कभी ऐसा नग्न परिचय नहीं दिया है। साथ ही पर्वतक की भाँति इस बार संधि का दिखावा करके चंद्रगुप्त को मूर्ख भी नहीं बनाया जा सकता था। स्वयं आर्य चाणक्य ने संधि की शर्तें तय कीं। इसके अनुसार सेलेउक् ने प्रथम तो फिर कभी भारत पर आक्रमण न करने की प्रतिज्ञा की। अपने राज्य के चार प्रांत चंद्रगुप्त को दिए तथा अपनी पुत्री हेलन का विवाह भी चंद्रगुप्त के साथ कर दिया। उसका दूत मेगस्थने भी बहुत काल तक चंद्रगुप्त के दरबार में रहा। इस प्रकार चंद्रगुप्त का राज्य समस्त मध्य एशिया तक फैल गया। संगठित तथा शक्तिशाली भारत क्या कर सकता है, यह इस युद्ध ने दिखला दिया।

इसके पश्चात् चंद्रगुप्त को कुछ और छोटे-छोटे युद्ध भारत ही में दक्षिण में करने पड़े। चंद्रगुप्त का उद्देश्य तो उज़र, दक्षिण, पूर्व, पश्चिम समस्त भारत को एक सूत्र में बाँधना था। और यह उनकी महानता है कि बारह वर्ष में ही एक विशाल साम्राज्य का निर्माण करके उन्होंने अपने इस ध्येय की पूर्ति की।

□

# विष्णु का अवतार

सम्राट् चंद्रगुप्त मौर्य उन कतिपय इतिहास निर्माताओं में से हैं, जिनको पग-पग पर सफलता ने वरण किया। इसका श्रेय जहाँ उनकी तीव्र लगन एवं अनवरत अध्यवसाय को है, वहाँ उनकी उस विलक्षण बुद्धि को भी है, जिसके कारण उन्होंने अपने हाथ से किसी भी अवसर को नहीं जाने दिया। शिकारी की भाँति वे उचित अवसर की ताक में रहे तथा अवसर आने पर अपनी संपूर्ण शक्ति से सर्वस्व की बाजी लगाने में तनिक भी हिचकिचाहट नहीं की। कूटनीति के समस्त दाँव-पेंच अपने गुरु एवं सहायक आर्य चाणक्य से उन्होंने व्यावहारिक रूप में सीखे थे।

वे अत्यंत वीर एवं साहसी थे। उन्होंने सदैव अपनी सेना के आगे रहकर युद्ध किया, विपज्ञियों में स्वयं सबसे पहले कूदे और फिर अपने सहायक देशभक्तों को आह्वान किया। अपने साहस एवं वीरता के कारण ही वे प्रथम तो अलिक्सुंदर के विरुद्ध विद्रोह करके और फिर सेलेउक् पर विजय पाकर पंजाब, सीमांत और पश्चिम भारत की समस्त वीर जातियों से सज़्मान एवं श्रद्धा पा सके। उनकी निर्भीक एवं स्वतंत्र प्रकृति का पता तो उस घटना से ही लग जाता है, जिसमें वे अलिक्सुंदर से मिले और उसे काफी जली-कटी सुनाई। इतने निर्भीक एवं स्पष्टवादी होने पर भी वे सदैव लोकप्रिय रहे। इसी लोकप्रियता के कारण मगध के सिंहासन पर बैठने के पूर्व ही वे जनता के हृदय-सम्राट् बन चुके थे। अपने इसी गुण के कारण मालव, क्षुद्रक जैसे गणराज्यों के नागरिकों पर, जो कि प्रजातंत्री शासन के

कारण अत्यंत स्वतंत्र मनोवृज़ि के थे, आधिपत्य जमा सके। उनकी लोकप्रियता तथा भारत के बड़े-बूढ़े सबके हृदय में आदर का स्थान प्राप्त करने का कारण था उनकी निस्स्वार्थ देशभक्ति। यदि अपने ही लिए उन्होंने ये सब प्रयत्न किए होते तो शायद देश उनका इतना साथ न देता।

सम्राट् चंद्रगुप्त अपने काल के एक महान् विजेता भी थे; परंतु अपनी विजय के मद में मज़ होकर उन्होंने शत्रु के प्रति कभी क्रूरता का बरताव नहीं किया। हिंदू संस्कृति की अमूल्य निधि सहिष्णुता को उन्होंने कभी नहीं छोड़ा। परंतु सहिष्णुता, दया और मैत्री के बड़े-बड़े शज़्दों के मायाजाल में फँसाने वाले शत्रु की दाल भी उन्होंने नहीं गलने दी। विजय के पश्चात् न तो अलिक्सुंदर के समान उन्होंने विजित राजा का निर्दयतापूर्वक वध करवाया और न पर्वतक के समान विजयी होने पर भी विजित के चंगुल में फँसे। सेलेउक् को हराकर उससे उन्होंने सज़्मानपूर्ण मैत्री की, परंतु अपने देश के हित और गौरव को भी आँच नहीं आने दी।

वे एक महान् विजेता ही नहीं, एक सुयोग्य शासक भी थे। साम्राज्य को दृढ एवं शक्तिशाली बनाने के लिए उन्होंने बहुत से कार्य किए। अपनी प्रजा एवं देशवासियों के हित में उन्होंने कोई कोर-कसर नहीं छोड़ी। देश की आर्थिक, राजनीतिक, धार्मिक, सामाजिक, बौद्धिक सर्वांगीण उन्नति के लिए सब प्रकार के कार्यों का भार मौर्य शासक ने अपने ऊपर ले रखा था। साम्राज्य की इतनी सुंदर व्यवस्था थी कि पाटलिपुत्र से संचालित सम्राट् की प्रत्येक आज्ञा का पालन आज के भारतीय साम्राज्य से दुगुने विस्तृत साम्राज्य के कोने-कोने में बिना किसी अपवाद के होता था।

सम्राट् चंद्रगुप्त स्वयं अत्यधिक परिश्रमी थे। जिस परिश्रम से उन्होंने साम्राज्य प्राप्त किया था, उसी प्रकार परिश्रम एवं दक्षतापूर्वक शासन के कर्तव्य का पालन किया। शासन के प्रत्येक विभाग का उनको ज्ञान था तथा समय-समय पर उनकी जाँच-पड़ताल भी करते रहते थे। न्यायालय में स्वयं जाकर बैठते थे तथा जनसाधारण की भी उनके पास तक पहुँच थी। निश्चय ही कौटिल्य के अर्थशास्त्र में वर्णित आदर्श सम्राट् का चित्र उन्हीं के आधार

पर बना है। आदर्श सम्राट् महाकुलीन, दैवबुद्धि, दीर्घदर्शी, धार्मिक, वीर, उत्साही, दृढ–निश्चयी एवं स्वार्थ–त्यागी होना चाहिए। उसका व्रत कर्तव्य के लिए सदा तैयार रहना है; उसका यज्ञ शासन संबंधी कार्यों को ठीक–ठीक करना है; सब प्रजा को समान देखना उसका पुण्य है, प्रजा के सुख में उसका सुख, प्रजा के हित में उसका हित है; उसको अपना नहीं किंतु प्रजा का हित ही प्रिय होना चाहिए। राष्ट्र की स्वतंत्रता और शक्ति के केंद्र सम्राट् चंद्रगुप्त निश्चय ही इस आदर्श के अनुयायी थे।

सम्राट् चंद्रगुप्त मौर्य की विजयों, उनका साम्राज्य–निर्माण, उनकी सफल शासन–प्रणाली तथा प्रजाहित के कार्यों की दृष्टि से वे न केवल भारत के ही, वरन् संसार के सफल विजेताओं, राष्ट्र–निर्माताओं और शासकों में एक उच्चस्थान पाते हैं। इसीलिए उन्हें मुद्राराक्षस ने विष्णु का अवतार तक कहा है। जिस दृष्टिकोण से हमने अपने अन्य महापुरुषों और राष्ट्र–निर्माताओं को विष्णु का अवतार माना है, उसी दृष्टि से देखा जाए तो मुद्राराक्षस का कथन किसी भी प्रकार से अतिशयोक्ति नहीं कहा जा सकता।

□

# उपसंहार

आँखों में एक स्वप्न और हृदय में महत्त्वाकांक्षा को प्रदीप्त करने वाली देशभक्ति की चिनगारी लिए हुए दो हिंदू युवकों ने क्या कर दिखाया, यह हमने इन पृष्ठों में देखा। दोनों ही के मन में अपनी मातृभूमि की आत्मा को जगाकर हिमालय से समुद्र-पर्यंत सहस्रयोजन-व्यापी एक चातुरंत राज्य प्रतिष्ठापित करने की धुन समाई हुई थी, और दोनों ही थे धुन के पक्के। मातृभूमि की इस सेवा में जहाँ एक ने अपनी मेधा को लगाया, वहाँ दूसरे ने अपनी भुजाओं को। दबाकर कुचल डालने वाली आपज़्ज़ियों के भार को एक ओर फेंककर जब-जब भारतवर्ष ने अपना मस्तक गौरव से ऊँचा उठाया है, तब-तब देश में राष्ट्र की मूलभूत क्षात्र और ब्राह्म शक्तियों का उदय हुआ है। तभी उनके प्रतिनिधि रूप में साथ-साथ वाल्मीकि और रामचंद्र, व्यास और श्रीकृष्ण, याज्ञवल्क्य और जनक, रामदास और शिवाजी जैसे दो-दो महापुरुषों का आविर्भाव हुआ है। चाणक्य और चंद्रगुप्त की भी ऐसी ही एक जोड़ी थी। इन दोनों की महानता अलग-अलग नहीं आँकी जा सकती।

हमारी दृष्टि बहिर्मुखी होने के कारण विदेशियों और विधर्मियों के अत्याचारों के फलस्वरूप हुतात्मा होने वाले देशभक्तों के विद्युन्प्रकाश को ही हम देख पाते हैं। इन दोनों के जीवन का प्रत्येक क्षण देश के ही लिए व्यतीत हुआ। देश के लिए कैसे जिया जाए, इसकी शिक्षा इनका प्रत्येक कार्य एवं अर्थशास्त्र का प्रत्येक शब्द दे रहा है। देशभक्तों की लंबी परंपरा में देश की बलिदेवी पर प्राणों को अर्पण करने वाले देशभक्तों के

विद्युतप्रकाश से जहाँ दो-चार पग आगे बढ़कर घनांधकार में आँखों की स्वाभाविक शक्ति को भी खोकर हम निराश बैठ जाते हैं, वहाँ इस नंदादीप के प्रकाश में अध्यवसाय नीति एवं सातत्य का पाठ लेकर सहज अपने मार्ग पर जा सकते हैं। पाटलिपुत्र का गत वैभव एवं तक्षशिला के खँडहर जहाँ एक ओर अपने विगत वैभव की याद दिलाते हैं, वहाँ उस कर्मयोग एवं अक्षुण्ण निष्ठा का भी संदेश देते हैं, जिसने उन्हें वह वैभव प्रदान किया।

हम सम्राट् चंद्रगुप्त और मंत्री चाणक्य के पीछे देशभक्त चंद्रगुप्त एवं देशभक्त चाणक्य को देखें। साम्राट्य एवं मंत्रित्व तो उनकी परिस्थिति विशेष की स्थिति थी, उनका साधारण स्वरूप, उनकी यथार्थता तो उनके एक भारतवासी, एक आर्य, एक हिंदू के नाते ही जानी जा सकती है। उनको सम्राट् और मंत्री बनने की लालसा नहीं थी। उनकी तो कामना थी, यवनों के चंगुल से भारत की स्वतंत्रता की रक्षा तथा वह सदैव स्वतंत्रता का उपभोग कर सके, इसके लिए उसे शक्ति-संपन्न बनाना। इसीलिए तो आर्य चाणक्य ने घोषणा की है, "न त्वेवार्यस्य दास्यभावः," (आर्य कभी भी ग़ुलाम नहीं बनाया जा सकता)।

हम नित्य प्रति महान् राष्ट्र-निर्माताओं का स्मरण करते हैं और स्मरण करते हैं उन अगणित हिंदू वीरों का, जो इन दोनों के हृदय की ज्योति से ज्योतित होकर उस प्रकाश-पुंज को प्रकट कर सकें, जिसमें भारत के दुःख, दैन्य और दास्य भस्मीभूत हो गए। हम उस महान् संस्कृति एवं समाज को भी आदर के साथ स्मरण करते हैं, जिन्होंने ऐसी विभूतियाँ उत्पन्न कीं। उस भारतभूमि को प्रणाम है, जिसने इस महान् स्फूर्ति-केंद्र को जन्म दिया।

□□□

दीनदयाल उपाध्याय प्रणीत एकात्म मानववाद के संदर्भ में एक चर्चा होती रहती है कि यह 'वाद' है या 'दर्शन'? 'वाद' पाश्चात्य परंपरा का वाहक है, जबकि 'दर्शन' भारतीय परंपरा का। 'एकात्म मानव' का विचार तज़्वत: भारतीय विचार है, अत: इसे 'दर्शन' कहना चाहिए, कुछ लोगों का यह आग्रह रहता है, जो गलत नहीं है। मा. नानाजी देशमुख 'दीनदयाल शोध संस्थान' में 'दर्शन' शज़्द का ही प्रयोग करते थे।

यह बात ठीक होते हुए भी यह तथ्य है कि दीनदयाल उपाध्याय ने अपने बौद्धिक वर्गों में तथा 'सिद्धांत एवं नीति' प्रलेख में इसे 'एकात्म मानववाद' कहा है। मुंबई में जो उनके चार भाषण हुए, उनमें भी 'एकात्म मानववाद' शज़्दपद का ही उपयोग है। पाश्चात्य चिंतन की पृष्ठभूमि में दीनदयालजी ने इस विचार का विवेचन किया है। व्यक्तिवाद व समाजवाद को उन्होंने पृष्ठभूमि में वर्णित किया है, अत: 'एकात्म मानववाद' भी एकदम संगत शज़्द प्रयोग है। यथा रुचि 'वाद या दर्शन' दोनों का ही प्रयोग किया जा सकता है, यह कोई विवाद का मुद्दा नहीं है।

**समाज के अंतिम जन के उत्थान की कल्पना करनेवाली**
**पं. दीनदयाल उपाध्याय की अनुपम कृति**

हमारे राष्ट्र निर्माताओं में जगद्गुरु श्री शंकराचार्य का स्थान बहुत ऊँचा है। कई विद्वानों ने तो उन्हें आधुनिक हिंदू धर्म का जनक ही कहा है। शंकराचार्य ने समस्त हिंदू-राष्ट्र को एक सूत्र में पिरोने एवं उसे संगठित करने का प्रयास किया। देश के चारों कोनों पर चार धामों के प्रति श्रद्धा केंद्रित करते हुए उन्होंने संपूर्ण भारतवर्ष की, मातृ-भू की मूर्ति जन-जन के हृदय पर अंकित कर दी। पंचायतन का पूजन प्रारंभ कर विभिन्न संप्रदायों को एक-दूसरे के आराध्य देवों के प्रति केवल सहिष्णुता का भाव ही नहीं तो सभी देवताओं के प्रति अपने इष्टदेव के माध्यम से वही श्रद्धा एवं आदर का भाव व्यक्त करने को प्रेरित किया, इसके अनुसार प्रत्येक पाँचों देवताओं-विष्णु, शुक्र, शक्ति, गणपति और सूर्य की पूजा करता है। अपनी श्रद्धा के अनुसार अपने इष्टदेव को बीच में तथा चारों ओर अन्य चार देवताओं को रखकर पूजन करने की उसे छूट है। चार धामों के समान ही उन्होंने समाज को धर्म मार्ग पर नियंत्रित एवं अनुशासित रखने के लिए चार शंकराचार्यों की अध्यक्षता में भारत के चारों कोनों में चार मठ स्थापित किए।

**पं. दीनदयाल उपाध्याय कृत**
**जगद्गुरु शंकराचार्य का पठनीय जीवन-चरित्र**

*9789351867906*
ND - #0328 - 270726 - C0 - 216/140/4 - PB - 9789351867906 - Matt Lamination